物権・担保物権の基礎がため

著 大島眞一 （大阪高裁部総括判事）
イラスト かほcomic （弁護士有資格者）

新日本法規

は　し　が　き

　「物権・担保物権」は、物権変動論を中心とした「物権」と抵当権を中心とした「担保物権」に分かれる。

　私が大学時代に覚えているのは、「物権」は、不動産の二重譲渡等の物権変動論などが中心であり、教科書を読んでいて「ふむふむ」と理解できたが、「担保物権」は、読んでいても、「なんのこっちゃ」ということが多かった記憶である。担保物権で頻出する法定地上権も、多くの場合分けがされ、よく分からないままであったし、担保物権は、民事執行との関連性が高く、技術的な側面が強い上に、抵当権侵害に見られるように社会情勢に応じた解釈がされている部分もある。本書では、こうした点も考慮に入れて、理解しやすいように努め、初めて登場する法律用語には注釈を付し、意味が分からないまま次に進まざるを得ないということがないように配慮することに意を注いだ。

　もともと基本書や教科書と呼ばれている書物について、学問的なことも求められ、初めて学ぶ者にとって不親切な部分が多い。本書は、同シリーズの「民法総則の基礎がため」（新日本法規出版、2022年）と同様に、基本的な箇所に絞って、事例を多用し、**初めて民法を学ぶ者にとって分かりやすく解説した**つもりである。また、**イラストを多く使い、理解がしやすいように**努めた。頁数もできるだけ抑えた。

　本書は、法律を学ぶために大学に入ったものの多忙等のため、短時間で物権を学びたいという方や、法律の専門家を目指すに当たり、物権の第一歩目を確実に踏み出したいという方に向けてのものである。物権のうち、用益物権や先取特権など重要性に劣ると考えられる部分はほぼ全面的に省略し、物権変動論など重要と考えられる部分は比較的丁寧に拾い上げている。

特に法学部に入学した方には、まずは法律の基礎を固めることが大切であると思って、本書を出版することにした。本書を読んで法律に興味を持った方や法律の専門家を目指す方は、本書を「基礎がため」として、法律学者が書かれた書物を読んでいただきたい。

　本書はイラストを多用し、法律という馴染みにくい分野を理解しやすいように努めた。イラストは、弁護士有資格者のかほcomicさんにお願いした。新日本法規出版の宇野貴普さんには、今回も大変お世話になった。

　最後に、本書を手に取られた方が、法律の考え方を理解され、将来法律関係の分野等に接した時に、大学で法律を学んだということで役立つことがあれば幸いである。そうしたことがなくとも、青春の一時代に本書を読んでいただいたことに感謝し、将来、様々な分野において活躍されることを期待して、はしがきの結びとしたい。

　令和5年4月

大阪高裁部総括判事　大 島 眞 一

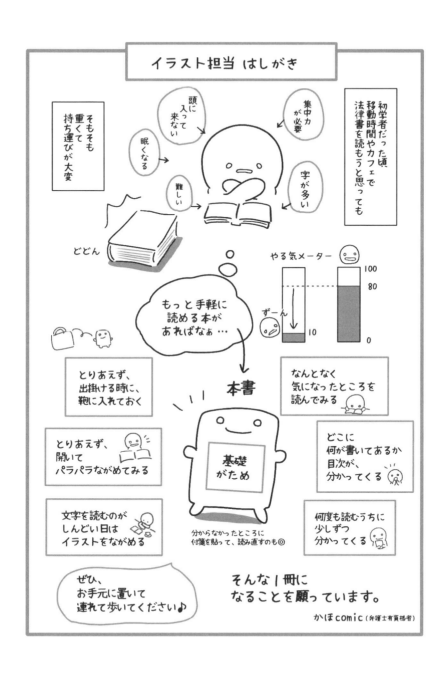

執筆者一覧

著　者

大島　眞一（大阪高裁部総括判事）

〔主な略歴〕

1983年　司法試験合格

1984年　神戸大学法学部卒業・司法修習生

1986年　大阪地裁判事補

1993年　旧郵政省電気通信局業務課課長補佐

1996年　京都地裁判事

2004年　大阪地裁判事・神戸大学法科大学院教授

2007年　大阪地裁部総括判事

2017年　徳島地・家裁所長

2018年　奈良地・家裁所長

2020年　大阪高裁部総括判事

〔主な著書〕

『ロースクール修了生20人の物語』編著（民事法研究会、2011年）

『Q＆A　医療訴訟』著（判例タイムズ社、2015年）

『司法試験トップ合格者らが伝えておきたい勉強法と体験記』編著（新日本法規出版、2018年）

『新版　完全講義　民事裁判実務の基礎〔入門編〕〔第2版〕－要件事実・事実認定・法曹倫理・保全執行－』著（民事法研究会、2018年）

『完全講義　民事裁判実務の基礎〔第3版〕（上巻)』著（民事法研究会、2019年）

『交通事故事件の実務－裁判官の視点－』著（新日本法規出版、2020年）

『続　完全講義　民事裁判実務の基礎－要件事実・事実認定・演習問題－』著（民事法研究会、2021年）

『完全講義　法律実務基礎科目［民事］－司法試験予備試験過去問解説・参考答案－』著（民事法研究会、2021年）

『民法総則の基礎がため』著（新日本法規出版、2022年）

イラスト

かほcomic（弁護士有資格者）

〔主な略歴〕

司法試験合格後、弁護士、非常勤講師（看護専門学校）を経験

コラム（五十音順）

奥村　康治（放送作家）

白岩奈津子（法律事務職員）

夏目　麻央（弁護士）

本書の特徴

　本書の構成は、民法の物権の条文順にはなっておらず、「物権総論」と「担保物権」ごとに理解のしやすさと重要性を考えて配列した。また、理解を容易にするための説明を随所に加えたほか、イラストを多用した。

　本書では、「民法総則の基礎がため」（新日本法規出版、2022年）で登場する個所は、そちらを参照する方に向けて適宜頁数を記載した（ただし、特に参照しなくても差し支えないように配慮したつもりである。）。

　本書では足りない、もっと深く物権を学びたいという方は、法律学者の書かれた書物を読んでいただきたい。

　最高裁判決を重視したことは、上記「民法総則の基礎がため」と同じであり、最高裁判決は、最高裁のホームページ等で見ることができる。

　なお、本書では、共有関係等の民法等改正（令和3年法律24号）を盛り込んだ内容としている。

　また、本書の途中にコラムを挟み込んでいる。「物権」と関係のないコラムもあるが、息抜きとしてご覧いただきたい。

＜判例の表記＞

　根拠となる判例の略記及び出典・雑誌の略称は次のとおりである。

最高裁判所平成22年12月2日判決、最高裁判所民事判例集64巻8号1990頁＝最判平22・12・2民集64・8・1990

民集	最高裁判所民事判例集	民録	大審院民事判決録
判時	判例時報	判タ	判例タイムズ
新聞	法律新聞		

＜参考文献の表記＞

参考文献の略称は次のとおりである。

民法総則　　大島眞一＝かほcomic著『民法総則の基礎がため』（新日本法
　　　　　　規出版、2022年）

目　　次

第1部　物　権

第1章　物権とは

ページ

1　物権とは……………………………………………………3
　(1)　物権と債権……………………………………………3
　(2)　物権法定主義…………………………………………4
2　物権の分類…………………………………………………5
　(1)　物権の種類……………………………………………5
　(2)　不動産と動産…………………………………………5
　(3)　主物と従物……………………………………………7
3　物権の効力…………………………………………………7
　(1)　物権的請求権…………………………………………7
　(2)　物権的請求権の内容…………………………………9

第2章　物権変動総論

1　原始取得と承継取得………………………………………11
2　物権変動の時期……………………………………………11
3　公示の原則と公信の原則…………………………………13
4　不動産登記の効力…………………………………………15
　(1)　対抗力と権利推定力…………………………………15
　(2)　不動産登記の有効要件………………………………16

第3章　不動産の物権変動

1 取消しと登記‥‥‥‥‥‥‥‥‥‥‥‥‥‥‥‥‥‥‥‥‥18
　(1)　取消し前の第三者‥‥‥‥‥‥‥‥‥‥‥‥‥‥‥‥18
　(2)　取消し後の第三者‥‥‥‥‥‥‥‥‥‥‥‥‥‥‥‥19
2 法定解除と登記‥‥‥‥‥‥‥‥‥‥‥‥‥‥‥‥‥‥‥21
　(1)　解除前の第三者‥‥‥‥‥‥‥‥‥‥‥‥‥‥‥‥‥21
　(2)　解除後の第三者‥‥‥‥‥‥‥‥‥‥‥‥‥‥‥‥‥22
3 相続と登記‥‥‥‥‥‥‥‥‥‥‥‥‥‥‥‥‥‥‥‥‥22
4 遺産分割と登記‥‥‥‥‥‥‥‥‥‥‥‥‥‥‥‥‥‥‥24
　(1)　遺産分割協議前の第三者‥‥‥‥‥‥‥‥‥‥‥‥24
　(2)　遺産分割協議後の第三者‥‥‥‥‥‥‥‥‥‥‥‥26
5 相続放棄と登記‥‥‥‥‥‥‥‥‥‥‥‥‥‥‥‥‥‥‥28
6 取得時効と登記‥‥‥‥‥‥‥‥‥‥‥‥‥‥‥‥‥‥‥29
　(1)　時効完成前に第三者が現れた場合‥‥‥‥‥‥‥‥29
　(2)　時効完成後に第三者が現れた場合‥‥‥‥‥‥‥‥30
　(3)　時効完成後の第三者が登記をした後に、新たに占有
　　　者が時効を完成させた場合‥‥‥‥‥‥‥‥‥‥‥‥32
　(4)　時効の起算日‥‥‥‥‥‥‥‥‥‥‥‥‥‥‥‥‥‥33
　コラム　債務名義さえあれば‥‥‥‥‥‥‥‥‥‥‥‥‥35

第4章　民法177条が適用される物権変動

1 民法177条の第三者の範囲‥‥‥‥‥‥‥‥‥‥‥‥‥‥37
　(1)　客観的要件‥‥‥‥‥‥‥‥‥‥‥‥‥‥‥‥‥‥‥37
　(2)　主観的要件‥‥‥‥‥‥‥‥‥‥‥‥‥‥‥‥‥‥‥38
　(3)　まとめ‥‥‥‥‥‥‥‥‥‥‥‥‥‥‥‥‥‥‥‥‥41
2 背信的悪意者からの転得者‥‥‥‥‥‥‥‥‥‥‥‥‥‥41

第5章　動産の物権変動

1　民法178条の要件……………………………………………44

　(1)　動　産…………………………………………………44

　(2)　引渡し…………………………………………………45

2　動産の即時取得（民法192条）………………………………46

3　即時取得の効果………………………………………………49

第6章　占有権

1　占有権の意義…………………………………………………50

2　占有権の成立要件……………………………………………51

　(1)　物の所持………………………………………………51

　(2)　代理占有………………………………………………52

3　占有権の効力…………………………………………………53

4　占有の訴え……………………………………………………54

第7章　所有権

1　所有権とは……………………………………………………56

2　相隣関係………………………………………………………56

3　不動産の付合…………………………………………………57

4　共　有…………………………………………………………58

5　建物の区分所有………………………………………………60

第8章　用益物権

1　地役権とは……………………………………………………62
2　地役権の時効取得……………………………………………62

第2部　担保物権法

第1章　留置権

1　留置権とは……………………………………………………67
2　留置権の効力…………………………………………………68
3　留置権の成立…………………………………………………69

第2章　抵当権

1　抵当権の成立と効力…………………………………………74
　（1）　抵当権とは………………………………………………74
　（2）　抵当権の成立……………………………………………75
　（3）　抵当権の特徴……………………………………………75
　（4）　抵当権の被担保債権の範囲……………………………76
　（5）　対抗要件…………………………………………………76
　（6）　無効登記の流用…………………………………………77
　（7）　物上代位…………………………………………………77
2　抵当権の効力の及ぶ範囲……………………………………80
　（1）　付加一体物………………………………………………80
　（2）　従　　物…………………………………………………80

3　抵当不動産と賃借人の関係……………………………………81

4　法定地上権……………………………………………………83

　(1)　①抵当権設定当時に、土地上に建物が存在したこと………85

　(2)　②抵当権設定当時に、土地と建物が同一所有者に帰
　　　属していたこと…………………………………………………88

　(3)　③土地又は建物に抵当権が設定されたこと………………92

　(4)　④抵当権実行により、土地と建物が異なる所有者に
　　　帰属するに至ったこと…………………………………………92

　(5)　法定地上権の内容……………………………………………92

　(6)　一括競売権……………………………………………………92

5　抵当権の侵害…………………………………………………93

6　抵当権の処分…………………………………………………95

7　共同抵当………………………………………………………97

　(1)　共同抵当とは…………………………………………………97

　(2)　複数の債務者所有不動産……………………………………98

　(3)　債務者所有不動産と物上保証人所有不動産……………101

　(4)　複数の物上保証人所有不動産……………………………105

8　抵当権の消滅………………………………………………106

　(1)　債務者による弁済…………………………………………106

　(2)　被担保債権・抵当権の時効消滅…………………………107

　(3)　目的物の取得時効…………………………………………107

　(4)　代価弁済……………………………………………………107

　(5)　抵当権消滅請求……………………………………………108

9　根抵当権……………………………………………………108

　(1)　根抵当権とは………………………………………………108

　(2)　元本の確定…………………………………………………109

第3章　質　権

1　質権とは………………………………………………110

2　質権の成立……………………………………………111

3　質権の対抗要件………………………………………111

4　質権の効力……………………………………………111

5　転　質…………………………………………………112

コラム　セコく贅沢な友達……………………………113

第4章　非典型担保

1　譲渡担保………………………………………………115

　(1)　譲渡担保とは……………………………………115

　(2)　法律構成…………………………………………117

　(3)　対抗要件…………………………………………117

　(4)　譲渡担保権の実行………………………………118

　(5)　譲渡担保権の受戻（うけもど）し……………118

　(6)　優先弁済権の範囲………………………………119

　(7)　第三者との関係…………………………………119

　(8)　集合物動産譲渡担保……………………………122

　(9)　集合債権譲渡担保………………………………125

2　仮登記担保……………………………………………126

　(1)　仮登記担保とは…………………………………126

　(2)　仮登記と抵当権の関係…………………………127

3　所有権留保……………………………………………129

　(1)　所有権留保とは…………………………………129

(2)　留保所有権者の地位……………………………………130

(3)　第三者に対する効力……………………………………130

(4)　留保所有権の実行………………………………………132

4　代理受領・振込指定……………………………………………133

第5章　まとめ

1　担保物権の目的……………………………………………………135
2　担保物権の種類……………………………………………………135
3　担保物権の性質……………………………………………………137
4　担保物権の効力……………………………………………………138
(1)　優先弁済的効力…………………………………………138
(2)　留置的効力………………………………………………138

付　録　定期試験について

定期試験について…………………………………………………………141
[コラム]　この本を手に取ったあなたへ…………………………………148

索　引

○事項索引……………………………………………………………………153
○判例年次索引………………………………………………………………161

第1部　物　権

2

第1章　物権とは

1　物権とは

> **事例1**
>
> 　Aくんは大学に入り、民法総則の授業を終えた。次は、物権を学ぶこ
> とになっているが、「物権」って何だろうと思っている。

（1）　物権と債権

民法は、親族・相続を別にすれば、物権と債権に分かれる。

> 物　権　―**物を排他的に支配する権利。**所有権等の権利である。
>
> 債　権　―**ある人（債権者）が特定の相手方（債務者）に対し、一**
> 　　　　　**定の行為をすることを要求することができる権利。**

　物権については相互に矛盾する同内容の物権は併存しない。例え
ば、ある物に対する所有権は一つだけであり、二人が完全な所有権を
持つことはない。共有として2分の1ずつの権利を持つなどして、合計
が「1」になる。**一物一権主義**といわれる。そして、所有権を有する者
が、他者を排除して独占的にその物を利用、収益、処分することができ
き、**物権の排他性**といわれる。

　他方、**債権は相互に矛盾する同内容の債権も併存し得る。**例えば、
ある人が同時刻に二つのライブハウスで歌う契約をすることも可能で
ある（どちらかが履行されず、債務不履行による損害賠償の責任を負
うことになるが、契約自体は成立している。）。

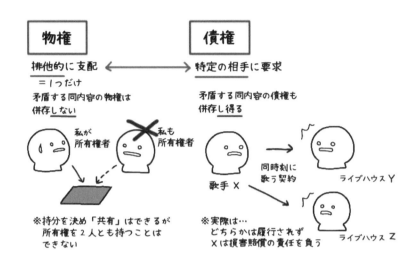

(2) 物権法定主義

　物権は、民法その他の法律で定められたものに限って認められ、当事者の合意で創設することはできない（民法175条）。**物権法定主義**といわれる。

　例えば、ある不動産を買う場合、その不動産につき法で定められた物権（所有権や抵当権等）の存否は不動産登記記録等で確かめることができるが、法で定められた以外の何らかの権利が付着していることは確認の方法がない。**物権法定主義は、法で定められた以外の権利を認めることは取引の安全を害することから、設けられたものである。**

　もっとも、物権法定主義の例外として、根抵当権、仮登記担保権、譲渡担保権などが慣習法によって認められ、その後に条文化されたものもある（108頁、115頁、126頁参照）。つまり、民法施行時（明治31年）に存在していた慣習法上の物権を否定する趣旨で民法175条が設けられたが、**民法制定後の慣習によって創り出された物権まで否定する趣旨ではないと考えられる。**

2　物権の分類

(1)　物権の種類

物権には、所有権、制限物権（抵当権等の8種類）、占有権がある。

所有権は物を全面的に支配する権利である。所有者は、その物を自由に、使用、収益、処分することができる（民法206条）。つまり、**利用価値**（使用したり、貸して収益を得たりなど）**、交換価値**（売って利益を得たりなど）という二つの経済的な価値を有している。

制限物権は、大別して、**用益物権と担保物権**がある。

用益物権は、他人の土地を使用、収益できる権利である。例えば、地上権は、他人の土地に工作物を建てて使用するなどの権利を有するが、所有者ではないので、その土地を処分することはできない。つまり、**主として利用価値に重点を置いた物権**である（詳細は62頁以下参照）。

担保物権は、債権者に債権回収のために認められたもので、主として交換価値を支配するものである。例えば、民法総則でもよく出てきた抵当権は、債権者において、債務者の所有する不動産に抵当権の設定を受け、債務者が債務を履行できない場合に、その抵当権を実行し、優先的に債権回収を図るものであり、所有者は抵当権のために提供した不動産の所有権を失うことになる（詳細は72頁以下参照）。

占有権は、ある物を占有していることにより、一定の法的保護を与えるものである。もともと所有権等があればそれで保護すれば足りるではないかと思う人がいるだろうが、誰が所有しているかが争いになることもあり、ひとまずその物を所持している状態を保護しようというものである（詳細は50頁以下参照）。

(2)　不動産と動産

物権には、不動産と動産がある。この両者の違いは重要である。

ア　不動産

土地とその定着物（民法86条1項）である。**定着物とは、その土地に固

定しており、**容易に移動することができないもの**である。例えば、塀や石垣などがある。これらは、土地と一体をなすものとして扱われ、独立して取引の対象とならない。

　これには、次のとおり例外がある。

①　建　物

　　土地とは独立した不動産とされている。

②　立　木（りゅうぼく）

　　土地に生育する樹木は、本来土地と一体をなすものとして扱われるが、立木ニ関スル法律の定める登記がされると、土地とは別個の不動産と認められるし、そうでなくとも、**明認方法**（※）を施すことによって、土地とは分離して取引の対象となり、第三者に対抗することができる。明認方法が消えてしまった場合には、対抗力も失われる（最判昭36・5・4民集15・5・1253）。

> ※　明認方法とは
> 　立木について、例えば、木の皮をめくり、誰の所有であるかを墨書するというように、立木に所有権者名を記すことによって、登記と同様の効力が認められています（大判大9・2・19民録26・142、最判昭35・3・1民集14・3・307）。

イ　動　産

不動産以外の物は、全て動産とされている（民法86条2項）。

ただし、船舶や航空機、自動車など登記や登録の制度があるものについては、登記や登録がされると、不動産と同じ扱いとなる（道路運送車両法5条1項等）。

【不動産と動産の違い】（44頁参照）

	対抗要件	公信の原則
不動産	登記（民法177条）	登記には公信力がない。このため、民法94条2項の類推適用がされる。
動　産	引渡し（民法178条）	占有に公信力が認められる。このため、即時取得の制度（民法192条）がある。

(3)　主物と従物

二つの物の間に、**経済的に一方が他方の効用を補う関係にある場合**に、補われている方を**主物**、補う方を**従物**という（民法87条1項）。例えば、絵画（主物）とその額縁（従物）というものである。

従物は、主物の処分に従う（民法87条2項）。これは、通常、主物が譲渡されると、従物も一緒に譲渡する意思があると考えられることに基づく。同項は、任意規定（民法総則110頁参照）であるから、異なる意思表示があれば、それに従う。

3　物権の効力

(1)　物権的請求権

【事例2】

Xは、大事に所有していた書籍「物権・担保物権の基礎がため」をY

が勝手に持って行ったので、返してもらいたいと思っている。Xはいかなる権利を有するか。

　物権は排他性が認められる権利であり、他人が何らかの方法でそれを侵害したり、侵害するおそれがある場合、それを止めさせる権利が認められている。物権的請求権という。民法には、物権的請求権に関する条文はないが、占有についてすら占有の訴えが認められている（民法197条以下）ので、所有権等の物権者に物権的請求権が認められるのは当然であると考えられている。

　物権的請求権には、次の3種類がある。

① **返還請求権**

　占有を奪われたなど、所有者でない者が目的物を権原なく占有している場合に、所有者が占有者に対しその返還を求める権利である。例えば、Xが所有している物をYが持ち去った場合である。 事例 2 もこの場合に当たり、XはYに対し所有権に基づく返還請求権により、「物権・担保物権の基礎がため」の返還を求めることができる。

② **妨害排除請求権**

　占有侵奪以外の方法により、物の支配が妨げられている場合に妨害を止めるように請求する権利である。例えば、甲土地の所有者Xが、甲土地の所有権登記が勝手にYに移っていたときに、その抹消を求める場合である。

③ **妨害予防請求権**

　現に妨害が生じているわけではないが、妨害発生の可能性が高い場合に、妨害を生じさせないよう予防措置を講じるよう求める権利である。例えば、X所有の隣地にあるY所有の建物が倒壊しそうな場合に、XがYに対し倒壊しないような措置を講じることを求める

場合である。

(2)　物権的請求権の内容

> **事例3**
>
> 　Aは、Xの所持する財布を盗んだが、Xに追い掛けられ、逃げる途中でY宅に財布を投げ込んだところ、財布はY宅の池の中に落ちてしまった。財布を池の中から探し出すのに一定の費用がかかる。Aは逃げて行方が分からない場合、XとYのどちらが費用を負担すべきか。

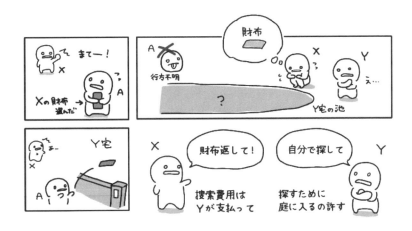

　物権的請求権の法的性質については、**行為請求権説**と**忍容請求権説**の対立があるが、行為請求権説が有力である。

① 　行為請求権説

　　物権的請求権は、物権を回復するために必要な行為をすることを相手方（Y）に請求できる権利であり、費用はYが負担する。物権者は、物権の円満な支配が法によって認められており、その支配を妨げられたならば、その回復を求める権利があることを根拠とする。

② 忍容請求権説

　　**物権的請求権は、侵害状態からの回復を自己（X）がすることに
つき相手方（Y）に忍容することを求める権利**であり、費用はXが
負担する。物権につき強い権利を認めることは他者の自由を害する
ことになりかねず、物の支配の侵害に対しても忍容の請求が認めら
れるにすぎないことを根拠とする。

第2章　物権変動総論

1　原始取得と承継取得

　物権変動とは、物権の発生、変更、消滅のことである。

　物権変動として、**原始取得と承継取得**がある。

　原始取得は、建物の新築等があるが、重要なものとして、**取得時効**（民法162条〜）と**即時取得**（民法192条）がある。取得時効と即時取得は、いずれも**新たな所有者が現れることによって、前の所有者は反射的に権利を失うもの**である（取得時効については民法総則85頁、即時取得については46頁参照）。

　承継取得は、既に存在する物権が前主から後主に移転することである。売買のように、目的物の権利全部が移転することもあれば、抵当権のように、物権の内容の一部が移転することもある。

2　物権変動の時期

　民法176条は「物権の設定及び移転は、当事者の意思表示のみによって、その効力を生ずる」と規定している。つまり、**物権変動（例えば、所有権の移転）の効力は、当事者の意思表示によって生じる意思主義**を採用している。

> **事例4**
>
> 　XはYに対しX所有の甲土地を代金1000万円で売った。甲土地の所有権はいつYに移転すると考えるとよいか。

　不動産の売買等の重要な財産の移転については、契約当事者間で、所有権移転時期につき、売買代金を支払った時点、引渡し時点、登記

時点等の合意をすることが多く、**合意があればそれによることになる。**

　合意がない場合は、特定物では売買契約時点と考えることになる（最判昭33・6・20民集12・10・1585）。これについては、売買については代金の支払が重要であり、代金支払があるまで所有権は移転しないと考えるべきであるなどの批判があるが、所有権移転時期は当事者間の合意で決まるものであり、黙示の合意（※1）でもよいので、実際にはほとんど差が生じないといえる（現実には、当事者間の合意として代金の支払時とされることが多いと思われる。）。

　不特定物（※2）では、売買契約時には目的物が決まっていないので、**目的物が特定された時点で所有権が移転する**と考えることになる（最判昭35・6・24民集14・8・1528）。

> ※1　黙示の合意とは
> 　契約は、通常、Xが甲パソコンを売る、Yがそれを買うということを述べて、XとY間で甲パソコンの売買契約が成立します。**黙示の合意というのは、明確な意思表示はないが、契約当時の状況等から意思表示の合致があったと認められる場合**です。例えば、XがYに対し甲土地を1000万円で売るが、1か月後に代金と引換えに所有権移転登記をするという合意をした場合、所有権移転時期を明確に合意していない場合には、所有権移転時期につき代金支払・所有権移転登記時とすることを黙示に合意したといえることが多いと考えられます。
>
> ※2　特定物と不特定物
> 　**特定物**とは、その物の**個性に着目**して引渡しの対象とされた物です。そのような制限のないものを**不特定物**といいます。特定物か不特定物かは、契約当事者の意思によりますが、例えば、酒屋にアサヒスーパードライ生ジョッキ缶（別にアサヒビールを宣伝しているわけではありません。）340mlを1ダースという注文をした場合（最近は、酒屋に注文する人はほとんどいないのではないかと思いますが）、個性に着目したものではありませんので、不特定物ということになり、その後、配達時にど

のビールという特定がされることになると考えられます。この点は、「債権総論」で学びます。

3　公示の原則と公信の原則

事例5

　Xは、父からマイホームを持つ予定だと聞かされた。父は、Xが幼少の頃から、ず～～～っと、マイホームを持つことを目標にしてきたが、それが実現しそうになったのだ。父は、「知人の紹介で知らないYから格安で不動産が買えることになった。Yに所有権登記があるから安心だな」と言って喜んでいた。法学部に進学したXは、父に何か助言することはないだろうか。

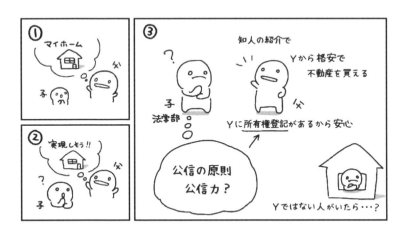

　物権変動につき、外部から認識できる状態にしなければ、第三者が不測の損害を被る可能性がある。そこで、**民法は、登記や引渡しなど外部から認識できるような公示方法を定め、公示しなければ第三者に対抗することができない**とした。これを**公示の原則**という。公示の方

法としては、**不動産について登記**（※）、**動産については引渡し**となっている（民法177条・178条）。

　真の権利関係と異なる公示がされている場合に、**公示を信頼して取引をした者に対し、公示のとおりの権利状態があったものとして保護することを公信の原則**という。

　不動産については、物権変動を公示することを強制しておらず、登記に公信力を認めていない。つまり、**不動産には公信の原則の適用はなく**、不動産取引をしようとする者は、登記だけを頼りにしてはだめで、現実の権利関係を調べる必要がある。これは、不動産は、重要な財産であり、権利者から安易に権利を奪うことは相当ではなく、取引をしようとする者はそれだけ慎重に調査すべきである、という考えに基づく。**登記を信じて取引をした者について、権利者にも一定の落ち度がある場合には民法94条2項の類推適用によって取引をした者が所有権を取得することもある**（民法総則30頁参照）。Xの父としては、Yの登記を信頼しても、それで安心というわけではない。仮に、Yに所有権がないとすると、真の所有者に一定の落ち度があることが求められる。

　これに対し、**動産は、無権利者から取引に基づき目的物の引渡しを受けた場合には、譲受人が、無権利者を権利者と信じ、かつ、信じたことに過失がない場合には、その権利取得を認めている**（民法192条）（47頁参照）。これは、**動産は、日常極めて頻繁に取引がされることから、権利者であるかを調査する義務を課すと、取引社会が成り立たない**からである。例えば、XがYからボールペンを100円で買うときに、果たしてそのボールペンをYが所有しているかにつき調査を求めることは現実的ではない。さらに、動産については、後に述べるとおり、簡易の引渡し、占有改定、指図による占有移転も公示方法として認めており（民法182〜184条）（45頁参照）、こうした観念的な占有移転では、

誰が権利者かにつき外部から認識できない場合がある。このように、動産については、たとえ真実の権利関係と一致しない公示であっても、それを信頼して取引をした者を保護する**公信の原則が採用されており**、Xは、Yの所有であると信じ、信じたことにつき過失がない限り、真の権利者に落ち度がなくとも、所有権を取得する（民法192条。過失についても高度な調査義務があるわけではない。）。

> ※　不動産登記とは
> 　不動産登記は、物権変動の当事者の申請によって行われます。登記権利者と登記義務者が共同して行わなければなりません（不動産登記法60条）。登記義務者を登記手続に関与させることにより、登記の真正が担保されることを目的としています。登記義務者が協力しない場合には、例えば、登記権利者が登記義務者に対し、「甲土地について○年○月○日売買を原因とする所有権移転登記手続をせよ」ということを求める訴訟を起こし、その勝訴判決が確定したことをもって登記義務者が登記申請の意思表示をしたとみなして（民事執行法177条1項本文）、登記権利者が単独で登記申請をすることができます。
> 　**登記官は、真実登記が実態に合っているかの調査・判断をする権限はなく**（形式審査主義）、共同申請とすることで、実態に合っていることが期待されているといえます。

4　不動産登記の効力

(1)　対抗力と権利推定力

不動産登記の効力として、対抗力と権利推定力が重要である。

ア　対抗力

登記には**対抗力がある**（民法177条）。ただし、**公信力はなく**、民法94条2項の類推適用がされていることは、既に述べた（14頁）。

イ　権利推定力

登記には、**権利推定力**が認められている（最判昭46・6・29判タ264・197）。

つまり、**登記に記録されていることは真実と推定される**。登記に記録されている権利関係は、登記の果たしている役割からして、実際の権利関係に合致している蓋然性が高いことによる。

(2) 不動産登記の有効要件

ア 実質的有効要件

XからYに対し、甲土地につき売買を原因とする所有権移転登記がされていても、実際に売買がされていなければ、その登記は無効である。ただし、**無効な登記がされた後に、Yが実際にXから甲土地を買い受けた場合は、買い受けた時点から登記は有効になる**（最判昭29・1・28民集8・1・276）。いったん所有権移転登記を抹消して同じ登記をするのが本来であるが、時間と費用をかけてそこまでの要求はできないという配慮による。

イ 中間省略登記

事例6

Yは、Xから甲不動産を買ったが、その所有権移転登記をする前に、Zに対し甲不動産を売った。Yは、売買代金をXに支払ったが、Zからはまだ受領していない。ところが、不動産登記を調べると、XからZに所有権移転登記がされていることが分かった。Yは、その抹消を請求することはできるか。

X所有の甲不動産がX→Y→Zと順次売買されたが、登記はXからZへ所有権移転登記がされることを、**中間省略登記**という。登記による費用を節約するためなどに行われる。

甲不動産につきXからZへの所有権移転があると、本来だと、甲不動産を買おうとする者はその売買が真実かを調査することもあるし、Yの利益も考えなければならず、中間省略登記は望ましくないといえ

るが、実際にされた登記を一概に無効とすることもできない。

　そこで、X、Y、Zの合意があれば、XからZへの中間省略登記（所有権移転登記）の有効性を認めている（最判昭40・9・21民集19・6・1560）。**また、中間者Yの同意がなく、X→Zへの中間省略登記がされたときは、ZからYへの代金未払等のYの不利益がない限り、Yは中間省略登記の抹消請求をすることはできない**（最判昭44・5・2民集23・6・951）。

　| 事例6 |の場合、まだZから売買代金を受領していないYは、登記をZに移されると同時履行の抗弁権（※）を失うことになり、Yに不利益があるので、Yは、Zに対しX→Zへの所有権移転登記の抹消を求めることができる（登記はXに戻る。）。

※　同時履行の抗弁権とは

　同時履行の抗弁権とは、例えば、売買契約の売主が買主に対し代金100円でソフトクリームを売った場合、売主は100円を受け取るまではソフトクリームの引渡しを拒絶する権利があり、買主はソフトクリームを受け取るまでは100円の支払を拒絶する権利があり、この権利を同時履行の抗弁権（民法533条）といいます。つまり、売主と買主が、100円とソフトクリームを、「せーえの」という掛け声で（ということはないが）、同時に履行することです。「債権総論」で学びます。

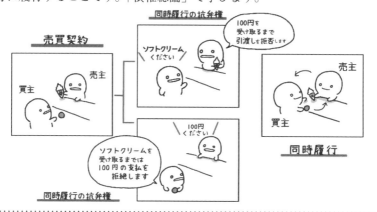

第3章　不動産の物権変動

1　取消しと登記

> **事例7**
>
> 　Xは、Yに騙されて、甲土地をYに売却し、その旨の所有権移転登記
> をした。Xがその売買契約を、詐欺を理由として民法96条1項に基づき
> 取り消したが、他方、Yは甲土地をZに売却した。取消しの時期がYか
> らZへの売買契約の前と後で、甲土地の所有権はどうなるか。

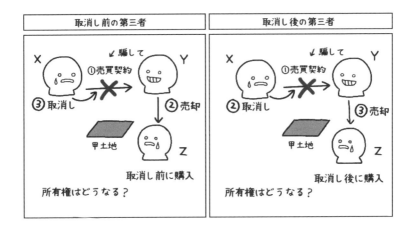

(1)　取消し前の第三者

　Xが取消しの意思表示をする前に、YがZに甲土地を売った場合を
考えてみる。

　売買契約は、取消しによって遡及的に消滅する（民法121条）ので、い
ったん有効に成立した売買契約は生じなかったことになる。したがっ
て、**取消しによる遡及的無効は、取消し前に利害関係に入った第三者
との関係では、登記を要せずに対抗することができる。ただし、詐欺**

による意思表示の取消しについては、詐欺があったことにつき善意かつ無過失の第三者に対抗することができない（民法96条3項）。

　そうすると、取消し前にYから買い受けたZは、Xが騙されたことにつき善意かつ無過失（騙されたことを知らず、かつ、そのことに過失がないこと）であれば所有権を取得し、悪意又は過失があれば所有権を取得しない。**民法96条3項は、取消しの遡及効により第三者の地位が覆るのを防ぐためであり、第三者は取消し前に買ったことを要する**（大判昭17・9・30民集21・911）。

　第三者に無過失まで要求しているのは、民法93条2項（心裡留保）や94条2項（虚偽表示）とは異なって、本人は、騙されたのであり、積極的に虚偽の意思表示をしたわけではなく、その帰責性が民法93条2項や94条2項と比べ弱いからである。なお、Zは登記を備えている必要はない（最判昭49・9・26民集28・6・1213）。

　したがって、 事例7 では、ZにおいてYが詐欺によって甲土地を取得したことにつき知っていたか（悪意）、知らなかったことにつき過失があった場合には、Xは、詐欺による売買契約を取り消すことにより、Zから甲土地の所有権を取り戻すことができる。逆に、ZにおいてYが詐欺によって甲土地を取得したことにつき善意無過失であれば、Xは売買契約を取り消してZから甲土地の所有権を取り戻すことはできない。

(2)　取消し後の第三者

　では、XがYによる詐欺を理由としてXからYへの甲土地の売買契約を取り消した後に、YがZに甲土地を売った場合はどうであろうか。

　民法96条3項は、前述のとおり、取消しの遡及効により第三者の地位が覆るのを防ぐためであり、第三者は取消し前に買い受けたことを要する。

取消し後の第三者Zについては、意思表示は取り消されるまでは有効であり、取消しによって所有権が移転しなかったという扱いをしているにすぎず、実質的には、一旦Yに移転した所有権がXの下に復帰したと考えることができる（復帰的物権変動と呼ばれる。）。そうすると、XとZは、対抗関係に立ち、登記を先に備えた者が確定的に所有者となる。判例の立場（大判昭17・9・30民集21・911）である。（※）

※　別の見解では

　本文で述べた見解に対し、遡及的無効を徹底する見解（無権利説）は、第三者が登場した時期が取消しの前後を問わず、Xによる取消しによりXからYへの売買は遡及的に生じなかったとするものです。この見解は、取消し前のZは、詐欺取消しの場合に限り、民法96条3項により保護されると考えます。取消し後のZは、その登記が真実の権利関係を反映していると善意（無過失）で信頼して取引関係に入った第三者について、民法94条2項の類推適用により、保護されると考えます。

　他方、復帰的物権変動を徹底する見解（対抗要件説）は、第三者が登場した時期が取消しの前後を問わず、Xの取消しによるY→Xへの復帰的物権変動とY→Zへの物権変動が生じ、民法177条により先に登記を備えた者が確定的に所有権を取得すると考えます。この見解は、民法121条の取消しの効果としての遡及効は、民法177条により制限されている（民法177条が優先的に適用される）とみることになります。

　判例の考え方は、取消しの前後で矛盾している（取消し前の第三者との関係では売買契約は取消しにより遡及的に消滅し、取消し後の第三者との関係では売買契約は遡及的に消滅していない）ようにみえます。しかし、取消しによって遡及的に消滅しますが、XからY、YからXへの物権変動は生じており（遡及的に無効という効果を伴うものではありますが）、この物権変動にも民法177条が適用されると考えれば、矛盾しないと考えることができるように思われます。

2　法定解除と登記

> **事例8**
>
> 　Xは、Yに甲土地を代金2000万円で売り、所有権移転登記をしたが、Yが売買代金を支払わないので、売買契約を解除した。ところが、Yは甲土地をZに売却した。売買契約の解除の時期がYからZへの売買契約の前と後で、甲土地の所有権はどうなるか。

　契約解除も、契約取消しと同様に考えることができる。

(1)　解除前の第三者

　売買契約は、**解除により遡及的に消滅**する（民法545条1項）ので、一旦有効に成立した売買契約は、解除により遡及的に生じなかったことになる（最判昭51・2・13民集30・1・1。直接効果説）。そうすると、**解除前にYから買い受けたZの権利を害することになるので、民法545条1項ただし書は、民法96条3項と同様に、第三者Zを解除による遡及効から保護するために設けられたものである。**

　この場合、契約締結時に取消事由がある詐欺取消しとは異なって、Yが売買代金を支払わないという不履行状態があっても、その後に売買代金を支払うかもしれず、売買契約が解除されるかは分からない状態である。そのため、**ZにおいてYに不履行状態にあったかを知っているかは問題とならない。**この点で騙されて買い受けたなどの詐欺取消しとは異なる。

　他方、**第三者Zが保護されるためには、明文はないが、権利保護（資格）要件として登記が必要**（※）であると考えられる（合意解約の事案であるが、最判昭33・6・14民集12・9・1449）。**登記を得ていない場合には保護**

に値しないと考えられるからである。

> ※　権利保護（資格）要件としての不動産登記とは
>
> 　登記は、本来、対抗関係にある場合に、先に登記を得た者が勝つというためのものです。これに対し、**権利保護要件としての登記とは、対抗関係にはないが、保護されるためには登記が必要**というものです。事例8 の場合、解除前の第三者Zは、解除により遡及的無効によって無権利者となり、Xとは対抗関係には立ちませんが、民法545条1項ただし書で保護されるためには登記が必要であるという意味です。これは、解除した者Xと解除前に買い受けた者Zを比較してみると、Zは、まだ履行されていないという解除事由があることを知っていても、その後履行されるかもしれず、保護されるべきですが、登記もまだ受けていない場合には、売買の関与の程度は低く、Xを保護すべきであるという考えに基づきます。

（2）　解除後の第三者

　契約解除後の第三者Zについては、Xの解除権の行使によって、YからXに所有権が復帰するので、その後に、YからZへの売買による所有権移転があったことは、あたかもYからXとZに甲不動産の二重売買があったのと同じ関係にある。したがって、XとZは、**対抗関係に立ち、登記を先に備えた者が確定的に所有者となる**（最判昭35・11・29民集14・13・2869）。この点は、「1　取消しと登記」の取消し後の第三者の場合と同様である。

3　相続と登記

　相続と登記は、相続人が複数いる場合に問題となる。

事例9

　Aが死亡し、相続人は子であるXとBであり、A所有の甲土地をXと

Bが相続した。Bは遺産分割（※）により単独で甲土地を取得したとする遺産分割協議書を偽造し、甲土地につきBの単独名義とした上でYに売却した。Xは、Yに対し、自己の持分2分の1について、所有権移転登記の一部抹消（更正登記）を求めることはできるか。

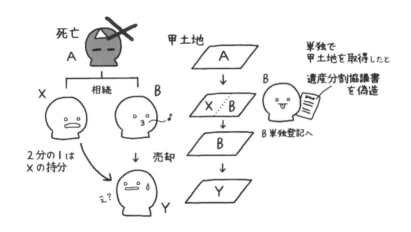

※　遺産分割とは

　被相続人が死亡した場合、相続が開始されますが、**相続開始時（被相続人死亡時）から相続人が各自の相続分の割合に応じて遺産を共有します**。これは**暫定的なもの**です。その後に、**相続人間で遺産分割の協議をし**（民法907条1項）、誰がどの権利を取得するかを話し合って決めます。

　なお、相続人は、相続を放棄することもでき、放棄すると、初めから相続人とならなかったものとみなされます（民法939条）。

　まずは、遺産分割協議がまとまるまでのことである。**共同相続の場合、各相続人は、相続財産に属する不動産について、遺産分割協議がまとまるまで、相続分の割合に応じて共有することになる**（民法898条1項）。**事例9**では、甲不動産につきXとBが各2分の1の割合で共有

している。したがって、相続財産に属する不動産につき単独所有名義の登記をしたBは、Xの持分2分の1については、無権利者である（BはXの持分2分の1について権利を取得したことはない。）。そうすると、Xは、自己の法定相続分に応じた不動産の取得を、登記なくしてYに主張することができる（最判昭38・2・22民集17・1・235、民法899条の2第1項参照）。

　この場合、Xは2分の1しか権利を有しない（民法900条の規定による相続分）ので、Yに対し全部の登記抹消を求めることはできず、持分をXとYが2分の1ずつとする更正登記（※）を求めることになる。

　※　更正登記とは

　　更正登記とは、登記を完了した後に、その登記事項に錯誤等の誤りがあった場合に、その登記事項を訂正する登記（不動産登記法2条16号）のことです。 事例9 では、Yは持分2分の1につき権利を有していますので、XはYに対し全部の抹消を求めることはできず、更正登記を求めることになります。

4　遺産分割と登記

　次に、遺産分割協議の前後に第三者が現れた場合を考えてみる。

(1)　遺産分割協議前の第三者

　まずは、遺産分割協議の前に相続人の一人が第三者のために権利を移転し、遺産分割協議の結果、その他の相続人が当該権利を取得した場合である。

　事例10

　　Aは、遺言を残さずに死亡し、Aの遺産である甲土地は、子であるX

とＢが各2分の1の割合で相続し、その旨の共有登記をした。Ｂは、遺産
分割協議がまとまるよりも前に、甲土地の自己の持分2分の1についてＹ
に譲渡し、所有権一部移転登記をした。遺産分割協議の結果、Ｘが甲土
地を単独取得した場合、ＸはＹに対し所有権一部移転登記の抹消を求め
ることはできるか。

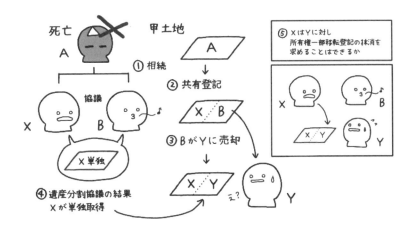

　遺産分割は、相続開始の時に遡ってその効力が生じるが（民法909条
本文）、遡及効から第三者を保護するために、「第三者の権利を害する
ことはできない」となっている（民法909条ただし書）。**民法909条ただし
書は、Ｙが取引関係に入ったときにはＢは持分を有していたのに、遺
産分割協議の結果、Ｂは遺産分割の遡及効により無権利者となり、Ｙ
が権利を取得できなくなるのを防ぐためである。**遺産分割前の第三者
は民法909条ただし書により保護されることになる（最判昭46・1・26民集
25・1・90）。詐欺取消しの第三者保護（民法96条3項）や解除の遡及効から
の第三者保護（民法545条1項ただし書）と同じ趣旨である。なお、**第三者
Ｙは、権利を失うＸとのバランス上、権利保護（資格）要件として登**

記を要すると考えられる（最高裁判例はない。）。

　したがって、事例10では、Yが登記を受けていれば、Yは持分2分の1について所有権を取得し、XはYに対し所有権一部移転登記の抹消を求めることはできない。

(2)　遺産分割協議後の第三者

　次に、遺産分割協議の後に相続人の一人が第三者のために権利を移転した場合である。

事例11

　Aは遺言を残さずに死亡し、Aの遺産の甲土地は、子であるXとBが各2分の1の割合で相続し、その旨の共有登記をした。XとBは、遺産分割の協議をし、甲土地はXが取得することになった。その後、Xがその旨の登記をする前に、Bの債権者YがBに対する債権に基づいて勝訴判決を得て、その判決に基づき、甲土地のBの持分2分の1につき差押え（※）をした。XはYに対し差押登記の抹消を求めることはできるか。

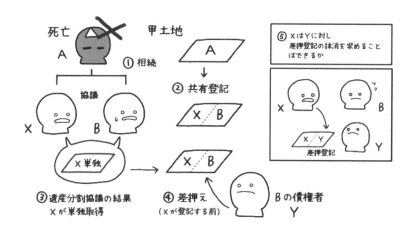

※　差押え・仮差押えとは

　判決で勝訴しても債務者が任意に支払わないと判決に基づいて強制執行することが必要で、債権者において債務者が所有している不動産を差し押さえるというのが代表例です。強制執行ができる効力が認められた文書を**債務名義**といいます。確定判決がその代表です。民事執行法に規定が設けられています。

　差押えをした者も、譲渡と同様に、民法177条の第三者に当たります(大連判明41・12・15民録14・1276、最判昭39・3・6民集18・3・437等)。**強制執行の場合、債権者は、債務者の財産から強制的に債権回収を図ることができ、債務者の財産について物権者に類似する地位にあり、民法177条の第三者に当たると考えられるからです。**

　仮差押えは、債権者がまだ勝訴判決を得ていない場合に利用されます。まず、債権者が裁判所に対し債務者に対して債権を有する資料を提出して、仮差押命令の決定をもらい、それで債務者が所有する不動産に仮差押えの登記をして順位を保全し、その後に債務者に対する勝訴判決を得てその不動産に差押えをすると、順位が仮差押え時のものになるという制度です。

　遺産分割後の第三者との関係では、遺産分割により物権変動が生じているのであるから、登記がなければ第三者に対抗することはできない(民法177条)。したがって、取消権者と取消し後の第三者、解除権者と解除後の第三者と同様であり、遺産分割協議により取得した財産の登記をした時と差押えの登記をした時の早い者が勝つことになる(最判昭46・1・26民集25・1・90。民法899条の2第1項参照)。 **事例11** では、Xが甲土地につき遺産分割協議に基づく移転登記をする前に、債権者YがBに対する債権に基づいてBの持分2分の1につき差押えをしたのであるから、Yが背信的悪意者(38頁参照)でない限り、持分2分の1につきYが勝つことになる。

5　相続放棄と登記

事例12

　Aが死亡し、その子であるXとBが相続したが、Bは相続放棄をした。Xにおいて Aが所有していた甲土地につき単独所有の登記をする前に、Bの債権者であるYが、Bに対する勝訴判決に基づき、Bに代位して甲土地のX・Bの持分割合を各2分の1とする相続登記をした（※）上で、Bの持分2分の1につき差押えをした。XはYに対し差押登記の抹消を求めることはできるか。

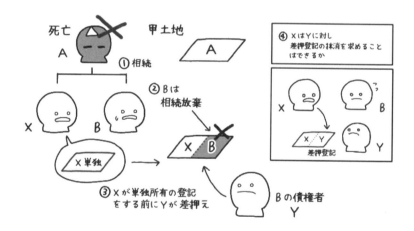

※　代位登記とは

　代位登記とは、債権者代位権（民法423条の7）に基づき、譲渡人（B）が第三者（X）に対して有する登記手続（持分を各2分の1とする手続）をすべき権利を行使しないときに、譲受人（Y）がその権利を行使することです。**事例12**では、代位すべき権利は相続登記であり、法定相続分に応じた登記がされることになります。「債権者代位権」は、「債権総論」で学びますので、ここでは、Bの債権者がBに代わって相続登記をする

ことができることを理解すれば十分です。

　相続放棄の結果、Bは初めから相続人とならなかったことになる（民法939条）。Bは、相続により何らの権利を取得せず、無権利者である。したがって、Xは、Bから取得したYに対し、甲土地の相続による取得を主張することができ、差押登記の抹消を求めることができる。

　遺産分割との結論の違いは、相続放棄ではBはそもそも相続人ではなかったことにある。最判昭和46年1月26日（民集25・1・90）は、**相続放棄には民法909条ただし書のように第三者を保護する規定はないこと**（民法939条）、**遺産分割協議は、長期間に及ぶ可能性（※）があり**（これに対し、相続放棄をするには、自己のために相続の開始があったことを知った時から3か月以内という比較的短期間の制限（民法915条1項本文）がある。）、**第三者を厚く保護する必要がある**ことに基づく。

※　難航する遺産分割

　遺産分割の事件は結構あります。多くの遺産があり、相続人間で話合いはまとまらず、裁判所に持ち込まれるものです。相続人が労力をかけて財産を築いたわけではなく、被相続人のものだったわけですから、相続人はそんなにムキにならなくてもと思いますが、そうはいかないようで、裁判所も苦労します。

6　取得時効と登記

(1)　時効完成前に第三者が現れた場合

事例13

　Xは、Aから甲土地の贈与を受け、占有を開始したが、所有権移転登記をしないまま9年が経過した時点で、甲土地はAからYに売却され、所

有権移転登記がされた。それから2年経った時点でもXが甲土地を占有
している場合、甲土地の所有者はXかYか（Xは10年の取得時効の要件
（民法162条2項）を満たすものとする。）。

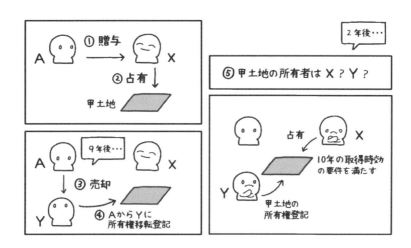

　Xは占有開始時から10年が経過した時点で、時効完成により所有権
を取得する。その時の甲土地の所有者はYであるから、Xの取得時効
により、Yは反射的に所有権を失う。この結果、XはYに対し時効に
よる権利取得を登記なしに主張することができる（最判昭41・11・22民集
20・9・1901）。**時効完成前の第三者であるYは所有権を有していたが、
Xが取得時効した結果、Yは反射的に所有権を失うと考えられるから
である**（民法総則87頁参照）。現実にも、登記は取得時効が完成しなけ
ればすることができないので、時効完成前の第三者に登記を求めるこ
とはできない。

(2)　時効完成後に第三者が現れた場合

事例14
　Xは、Aから甲土地の贈与を受け、占有を開始したが、所有権移転登

記をしないまま11年が経過した時点で、甲土地はＡからＹに売却され、所有権移転登記がされた。その場合、甲土地の所有者はＸかＹか（Ｘは10年の取得時効の要件（民法162条2項）を満たすものとする。）。

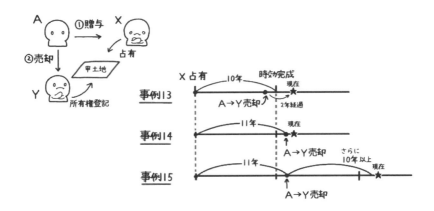

　Ｘは占有開始から10年の経過により甲土地の所有権を取得時効しているが、その後に、ＹがＡからの売買により甲土地を取得しているので、ＡからＸ、ＡからＹへの二重売買が行われたのと同じような関係に立ち、民法177条の適用があり、登記を先に備えた者が勝つ（最判昭33・8・28民集12・12・1936）。**Ｘは、時効完成により取得時効を原因とする所有権移転登記をすることが可能であるから、時効完成後の第三者（Ｙ）との関係では対抗関係になるとの考えに基づいている。**

　これについては批判もあり、善意占有者（自分が所有者だと認識している者）は、時効の完成を意識しないのが通常であるから、登記を要求するのは酷であるという批判や、民法162条2項において善意無過失で占有を開始した者につき10年の占有期間で時効完成を認めたのは、善意無過失の者を保護するためと考えられるが、10〜20年の間に

現れた第三者との関係では悪意者の方が保護されることになり（20年の時効完成時の当事者なので）、不当であるという批判である。

　しかし、**占有者は、取得時効が完成すれば所有者となって登記を備えることができるのであるから、第三者（Y）の信頼や取引の安全のために、登記をしないために保護されないこともやむを得ない**ということができる。

　したがって、 事例14 では、所有権移転登記をしたYが、背信的悪意者でない限り（38頁参照）、勝つことになる。

(3)　時効完成後の第三者が登記をした後に、新たに占有者が時効を完成させた場合

事例15

　Xは、Aから甲土地の贈与を受け、占有を開始したが、所有権移転登記をしないままであった。Aは、贈与から11年後に甲土地をYに売却し、所有権移転登記をしたが、甲土地の占有はXが継続していた。Yの登記から10年以上が経過した場合、XはYに対し取得時効を主張できるか（Xは取得時効につき時効期間以外の要件は満たすものとする。）。

　Yは、Xの占有開始から11年目に現れた第三者であるから、取得時効完成後の第三者であり、Xは登記なくしてはYに対抗することはできない。しかし、**Yの登記の時点からXが時効期間の占有を継続した場合には、XはYに対し登記なくして権利取得を主張することができる**（最判昭36・7・20民集15・7・1903）。Yの登記によりXのそれ以前の占有の意義は失われ（それ以前の占有は、取得時効をYに主張することができないので、意味がない。）、**そこから新たな占有を開始したと考えることができるからである。**

（4）　時効の起算日

　時効援用権者は、時効の起算日を任意に選択して、時効完成の日を遅らせたり早めたりできない（最判昭35・7・27民集14・10・1871）。起算日を任意に選択できると、時効援用権者は、第三者が現れた後に時効が完成するように起算日を選択することができ、**常に登記なくして第三者に対抗できることを防ぐ趣旨**である。

　このため、訴訟でXが「ある時点」での占有とその時点から10年又は20年の経過による時効完成を主張した場合、Yが自己が時効完成後の第三者であることを示すために、「ある時点」より前のXの占有を主張立証（※1）することができる。例えば、YがAから令和3年1月1日に甲土地を買い受けた場合を考えると、Xが平成15年1月1日から20年の占有による取得時効を主張したとき（令和5年1月1日に時効完成）、Yにおいて、Xが平成13年1月1日より前から占有していることを主張立証することによって（令和3年1月1日より前に時効完成）、Yが時効完成後の第三者であることを示すことができ、Yが所有権移転登記を受けていれば、Yが勝つことになる（※2）。

※1　主張立証とは

　主張立証とは、裁判で、当事者が自己に有利な判決を得るために必要な事実につき主張し、それを証拠によって証明することです。

※2　反対説は

　上記の判例に反対する説を簡単に紹介します。

① **占有尊重説**

　占有尊重説は、占有を重視する考え方です。取得時効は事実状態を尊重する制度であることを強調し、占有者は時効期間を超えて占有している場合、第三者が登場したのが時効完成前であろうと後であろうと、登記なくして第三者に対抗できると考えます。これに対しては、

登記を基礎とした不動産取引を危険なものにするという批判があります。

② **登記尊重説**

　登記尊重説は、時効完成前に第三者が登記を備えた場合には、占有者はその登記の時点から取得時効の完成に必要な期間の占有継続がなければ、取得時効は完成しないとする考え方です。この見解に対しては、この見解は登記を備えた時点で取得時効の更新事由（民法147条等）（民法総則96頁）になると考えるものですが、時効の更新事由を限定している民法の立場に反するという批判があります。

③ **類型論**

　問題状況に応じて類型化し、類型ごとに区別して考える見解です。二重譲渡型（登記を重視すべきですから、第三者の登場時期を問わず、取得時効による物権変動は登記なくして第三者に対抗できません。）、境界紛争型（XがA所有の隣地を自己の所有と信じて占有していたがその隣地をYがAから買い受けた場合、登記よりも事実状態の保護を重視すべきであり、第三者（Y）の登場時期を問わず、取得時効が優先します。）に分けることが行われていますが、類型が網羅的に整理されているわけではないなどという批判があります。

　コラム　　債務名義さえあれば

　　　弁護士法人西村・塚﨑法律事務所法律事務職員　　白岩奈津子

　債務名義（27頁参照）——。離婚後、法律事務として働いて知ったワード。そう、債務名義さえあれば、今頃、強制執行をして養育費を回収できていたのかもしれない。

　脱サラして一旗揚げようとした夫であったが、算段が狂ったのか読みが甘かったのか、あっという間に収入が激減し、数か月バイト程度の収入が続き、挙げ句、請け負う仕事もなくなり、一日中寝転がってゲームをするという変わり果てた姿に。

　子どもたちのためにも何とか離婚だけは避けたかったのだが、就活を勧めるも一向に働く兆しを見せず、飲みに行っては行方をくらます夫に失望した私は、無料法律相談をまわった。「とにかく自活しなさい」、「児童扶養手当を受給しなさい」と弁護士にアドバイスを受け、やむを得ず離婚を決意した。

　現実逃避を続ける夫を捕まえて離婚届を書かせねば、そして手当を受給しなければと、とにかく離婚成立を急いでいたこと。「養育費を支払わないなんて絶対あり得ない、どうかしている、人間失格だ」と常々夫が口にしていたこと。職を失い、かわいがっていた子どもたちを失い、夫の精神状態が不安定になるであろうこと。——これらのことから、できるだけ迅速に、できるだけ簡単に、そしてできるだけ穏便に事を進めたかったので、調停を申し立てるなどという考えは微塵も浮かばなかったのである。かくして、養育費については、私が作成し「形だけなんで」と説得して判をもらった合意書しか存在せず、債務名義なきまま、一度も彼から支払われることもなく、現在に至っているのである。

　法律についての知識があれば、今の私の暮らしは果たして変わっていたのだろうか——。知らなければ使えないが、知っていたからといって、法によって必ずしも守られるわけではない。とはいえ、法を知っていれば選択肢は増えたであろう。法律に携わる職に就いたことで、自分の人

生におけるそれぞれの選択がどうであったかと振り返る回数が増えたような気がする。しかし、過去は変えられない。変えられるのは、自分自身と未来だけである。

　令和2年4月に改正された民事執行法。財産開示手続が見直されたことで、債務者の勤務先や預金情報を調べることが以前より容易となった。債務名義があれば、強制執行により実際に債権回収可能となるケースが増えるだろう。なんと羨ましいことか。

　だが、嘆くことなかれ。いまや日々得る法律知識により確実に選択肢は増えているのである。社会的弱者が愛する3人の娘たちを守り生き抜くために選ぶべき道はいかに。法を学び知り得た者が守られる社会でありますように。そして、法が社会に広く行き渡り、一人でも多くの人が守られる社会になりますように――。

第4章　民法177条が適用される物権変動

1　民法177条の第三者の範囲

○民　法
（不動産に関する物権の変動の対抗要件）
第177条　不動産に関する物権の得喪及び変更は、〔中略〕その登記をしなければ、第三者に対抗することができない。

　民法177条の第三者とは、「不動産に関する物権の得喪及び変更について、登記の欠缺（不存在）を主張する正当の利益を有する者」をいう（大連判明41・12・15民録14・1301）。

　「正当な利益」については、一般に客観的要件と主観的要件に分けて説明されている。つまり、**第1段階（客観的要件）として不動産につき利害関係を有するかという観点から正当な利益が判断され、それをクリアした第三者のうち第2段階（主観的要件）として背信的悪意者と認定されると正当な利益を有しないと判断される**という関係にある。

（1）　客観的要件

　民法177条の第三者とは、**当事者とその包括承継人以外の者**をいう。包括承継人の典型例は相続人であり、相続人は第三者に当たらない。

　次の者（Y）は、**利害関係を有するかという観点から正当な利益を有しないと考えられ、Xは登記がなくてもYに対し自己の所有権を主張することができる**。

ア　不法占有者

　XはAから甲土地を買い受けたが、Yが権原なく甲土地を占有している場合である（大連判明41・12・15民録14・1276、最判昭25・12・19民集4・12・660）。

イ　転々譲渡の前々主

　甲土地につき、Y→A→Xと譲渡された場合、XからみてYは第三者に当たらない（最判昭43・11・19民集22・12・2692）。Yは甲土地の売主であり、AからXへの所有権移転登記が認められなくとも、それによってYは甲土地について権利を主張できる立場にはなく、登記の不存在を主張する正当な利益を有しないからである。

　他方、差押債権者や賃借人は、第三者に当たると解される（前掲大連判明41・12・15民録14・1276等）。

(2)　主観的要件

ア　不動産登記法5条に該当する者

○不動産登記法
（登記がないことを主張することができない第三者）
第5条　詐欺又は強迫によって登記の申請を妨げた第三者は、その登記がないことを主張することができない。
2　他人のために登記を申請する義務を負う第三者は、その登記がないことを主張することができない。〔以下略〕

詐欺又は強迫によって登記の申請を妨げた第三者や他人のために登記を申請する義務を負う第三者は、登記の不存在を主張することはできない。他人のために登記を申請する義務を負う第三者とは、登記権利者又は登記義務者に代わって登記申請をする義務を負う者であり、登記権利者又は登記義務者の親権者、後見人等がこれに当たる。

イ　背信的悪意者

事例16
　Yは、Xに対し恨みを抱いていたところ、XがAから甲土地を買ったが、その所有権移転登記がされていないことを知り、Xに対する恨みを

晴らす目的で、Aから甲土地を時価よりはるかに安い価格で買い受けて所有権移転登記をした場合、XとYのどちらが甲土地の所有権を取得するか。

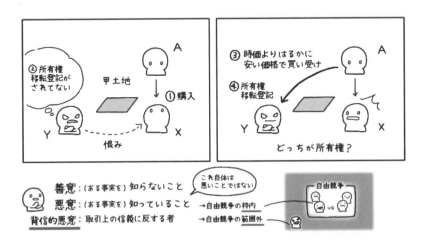

　自由競争が認められる社会では、物の取得をめぐって他人と競争し、その物を取得することも許される。ただし、次に述べるように、単なる悪意者は、自由競争の枠内にあると考えられるが、**取引上の信義に反する者は、自由競争の範囲外**であり、他人の登記の不存在を主張することはできない。**背信的悪意者**といわれる。判例上、「**登記の欠缺（不存在）を主張することが信義に反すると認められる事由がある場合には、当該第三者は登記の欠缺（不存在）を主張する正当な利益を有しない**」とされている（最判昭31・4・24民集10・4・417、最判昭40・12・21民集19・9・2221、最判昭43・8・2民集22・8・1571等）。

　以下、いくつかの例を挙げる。

① 　不動産登記法5条に準ずる場合

　　不動産登記法5条には直接該当しないが、それに準じる地位にあっ

た者。例えば、Yにおいて、AからXへの所有権移転登記を直接妨害した者ではないが、妨害した者（A）に協力し、Aから買い受けた場合（最判昭44・4・25民集23・4・904）、Yにおいて、AからXへの売買につき紛争の立会人として解決に当たっていたのに、Aから買い受けた場合（最判昭43・11・15民集22・12・2671）など。

② 不当に利益を挙げる意図等

　　第三者において他人の利益を害そうとする意図がある場合。例えば、Yにおいて、Xに対し恨みを抱いていたが、その恨みを晴らす目的で、AからXへの土地の売買の後に、所有権移転登記がされていないことを知って、Aから安く土地を買った場合（最判昭36・4・27民集15・4・901。この事案は、AからYへの売買につき公序良俗に反して無効としたが、背信的悪意者でも結着した事案）。

　　第三者において暴利を得る目的で第2売買が行われた場合（最判昭43・8・2民集22・8・1571）。例えば、AがXに甲土地を譲渡したが、その登記がされていないことに目を付けたYが、自らAから安い価格で買い受けた後に、甲土地を必要としているXに高額で買い取らせることを企図していた場合。

　　事例16 の場合、Yは、Xへの恨みを晴らす目的でAから甲土地を時価よりもはるかに安く買い取っているので、背信的悪意者に当たると考えられる。

③ 矛盾的態度

　　AからXに甲土地が譲渡されたが、登記名義はAのままであったところ、Xを所有者として固定資産税を課してきたY（国）が、その後Aの国税滞納を理由として、甲土地を差し押さえた場合（最判昭35・3・31民集14・4・663）。

(3)　まとめ

以上のようなケースが考えられるが、最判平成10年2月13日（民集52・1・65）（63頁参照）や最判平成18年1月17日（民集60・1・27）は、**従来よりも背信的悪意者の要件を緩やかに解している**ように思えるので注意が必要である。

最判平成18年1月17日（民集60・1・27）は、A所有の甲土地の隣地にある乙土地の所有者Yが、長年にわたり甲土地の一部を通路として使用占有し、時効期間が経過したが、時効完成後にAから甲土地の譲渡を受けて所有権移転登記をしたXとの間で、通行地役権の有無が争われた事案である。最高裁は、Xにおいて、甲土地の譲渡を受けた時点で、Yが多年にわたり甲土地の一部を占有している事実を認識しており、Yの登記の不存在を主張することが信義に反すると認められる事情があるときは、Xは背信的悪意者に当たるとしたもので、XがYによる多年にわたる占有継続の事実を認識していることを重視した。XにおいてYが長期間継続して占有していることを知っていたならば、取得時効の完成を知らなかったとしても、背信的悪意者と認めることができるとしたものであり、従来よりも背信的悪意者の要件を緩やかに解しているように思われる。

2　背信的悪意者からの転得者

> **事例17**
> ①　AからXに甲土地の譲渡がされたが、所有権登記はAのままであった。Aが背信的悪意者（Xに譲渡されたことにつき）のBに譲渡し、Bが背信的悪意者ではないYに譲渡し、それぞれ所有権移転登記がされた場合、XはYに所有権を主張できるか。

②　AからXに甲土地の譲渡がされたが、所有権登記はAのままであっ
た。Aが背信的悪意者ではないBに譲渡し、Bが背信的悪意者のYに
譲渡し、それぞれ所有権移転登記がされた場合、XはYに所有権を主
張できるか。

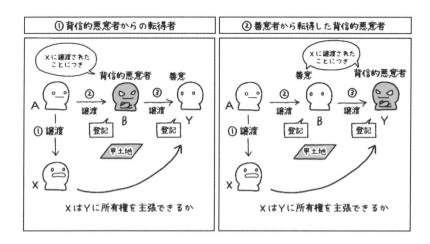

　ポイントとしては、**背信的悪意者は無権利者ではなく（対抗できな
いにとどまる。）、転得者は有効に甲土地を取得できること、背信的悪
意者かどうかはその人ごとに判断されること**、という2点を念頭に置
いて考えることである（「対抗できない」の意義については民法総則22
頁参照。簡単に触れると、当事者間において効力が生じた権利関係を
第三者に主張することができないという意味で、A→BでBが背信的
悪意者であっても、Bは、Aとの関係では有効に所有権を取得するが、
それを第三者に対して主張できないということ。）。

　この結果、 事例17 の①については、背信的悪意者からの転得者で
あるYは、背信的悪意者ではないから、有効に甲土地を取得でき、X

は登記なくしてYに所有権を主張できず、Yが勝つことになる。

　事例17 の②については、Bは、Aからの譲渡により甲土地につき登記を経ることにより確定的に所有権を取得するので、その後に背信的悪意者であるYに転売されても、Yがその所有権を承継取得し、Xが所有権を取得することはない。

　なお、**第三者の背信的悪意者を判断する時点は、第三者が当該不動産につき買い受けたなど利害関係を有するに至った時点**である。その後に知ったとしても、それによって買受けの効力に影響を与えることは相当でないからである。

第5章　動産の物権変動

　これまで民法総則や物権で、民法94条2項や177条を見てきたが、これらは不動産を念頭に置いたものであった。不動産は、各地方法務局で登記がされており、誰が所有者であるかを知ることができる（ただし、公信力（民法総則17頁・30頁参照）はないので、登記されている者が所有者と限らないことから、民法94条2項が適用・類推適用される。）。これに対し、動産（不動産以外の物）（民法86条2項）は、無数に存在するものであり、不動産のような登記制度はなく、民法178条は「引渡し」を対抗要件としている。

○民　法
（動産に関する物権の譲渡の対抗要件）
第178条　動産に関する物権の譲渡は、その動産の引渡しがなければ、第三者に対抗することができない。

1　民法178条の要件

（1）　動　産
　まず、「動産」であることが要件であるが、**次の場合は動産であっても引渡しが対抗要件ではない。**

　動産の中には**登記や登録などの制度があるもの**がある（自動車等）。登録されている自動車については、登録が物権変動の対抗要件とされており（例えば、道路運送車両法5条1項）、即時取得は認められない（最判昭62・4・24判タ642・169）。

　不動産の従物である動産（例えば、庭石等）も、主物である不動産と運命を共にするので（民法87条2項）、引渡しがなくても、不動産の所

有権移転がされ、その旨の登記がされた場合には、従物である動産についても、第三者に対抗することができる。

　金銭については、物そのものに個性がなく、物に存在する価値が重要であり、民法178条は適用されない（最判昭39・1・24判タ160・66）。

(2)　引渡し

動産の譲渡は、「**引渡し」が第三者への対抗要件**である。

引渡しには、次の四つの方法が認められている。

① 　現実の引渡し（民法182条1項）

　　現実の引渡しは、譲渡人が目的物を譲受人に現実に引き渡すことである。甲動産の売主Xが買主Yに甲動産を手渡しするという場合である。

② 　簡易の引渡し（民法182条2項）

　　簡易の引渡しは、譲受人が目的物を既に所持している場合に、譲渡人と譲受人との占有移転の合意によって引渡しをすることである。例えば、Xが甲動産をYに無償又は有償で貸していた（民法593条・601条）ところ、XがYに甲動産を贈与することを合意した（民法549条）場合であり、合意によって、Yの占有は、使用借権又は賃借権に基づくものから所有権に基づくものに変更になり、XからYへの引渡しの効力が生じる。

③ 　占有改定（民法183条）

　　占有改定は、簡易の引渡しとは逆に、目的物を現実に所持しているXが、Yとの間で、目的物をYに譲渡することを合意したが、Xがそのまま目的物を所持している場合である。条文上は、Xが「代理人」、Yが「本人」に当たる。例えば、甲動産を所有し所持していたXが、Yに甲動産を譲渡したが、Xがそのまま無償又は有償で借りる合意をした（民法593条・601条）場合で

ある。Ⅹの占有は、所有権に基づくものから使用借権又は賃借権に基づくものに変更になり、ⅩからⅩへの引渡しの効力が生じる。

④　指図による占有移転（民法184条）

　指図による占有移転は、譲渡人の占有代理人が目的物を現に所持している場合、譲渡人と譲受人との合意により、同じ占有代理人が譲渡後に譲受人のために占有をすることである。条文上は、譲渡人が「本人」、譲受人が「第三者」に当たる。例えば、倉庫業者であるＡが甲動産をⅩのために所持していたところ、ⅩがⅩに甲動産を売ったが、ⅩがそのままＡに保管させていた場合である。

　①は現実に甲動産が移転しており、「現実の引渡し」と呼ばれているが、②〜④は、現実には甲動産の動きはなく、「観念的な引渡し」である。**観念的な引渡しでも、公示方法として認められているのは、取引の便宜を図るためである。**例えば、簡易の引渡しについて、譲受人が既に所持している場合には、譲渡人が一旦目的物を取り戻して、それを譲受人に渡しても、意味がないことに基づく。

　これらの区別は、次に述べるとおり、**占有改定には動産の即時取得が認められていないことが重要である（占有改定でも対抗要件は備えている。）。**

2　動産の即時取得 （民法192条）

事例18

　Ⅹは、Ⅹから甲腕時計を贈与するといわれ、甲腕時計を見せられて喜んだが、引渡しを受けるのはしばらく先にすることになった。ところが、

Yは、甲腕時計を所有者であるZから預かっていただけであるのに、自慢してXを喜ばそうと考えたものであった。Xは即時取得（民法192条）を主張して、YやZに対し甲腕時計の引渡しを求めることはできるか。

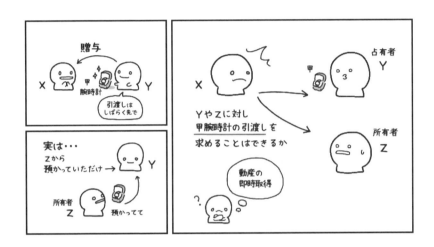

　即時取得とは、「取引行為によって、平穏に、かつ、公然と動産の占有を始めた者は、善意であり、かつ、過失がないときは、即時にその動産について行使する権利を取得する」ことである（民法192条）。

　動産の取引は、日常的に極めて頻繁に行われているので、取引の安全を保護すべき要請は高い。このために、動産については、次の要件を満たす限り、即時取得が認められている。

① 動　産

　即時取得は**動産**について認められる。動産とは不動産以外の物をいうが（民法86条2項）、自動車等動産であっても、即時取得が認められない場合があることは、前述した（44頁）。ただし、道路運送車両法による登録を受けていない自動車は即時取得の対象となる（最判昭45・12・4民集24・13・1987）。

② 取引行為による動産の取得

　即時取得は、取引の安全を保護するための制度であるから、**取引行為**によることが必要である。例えば、他人が所有する樹木を自己所有のものと誤信して伐採しても、取引行為はなく、即時取得は成立しない（大判昭7・5・18民集11・1963）。

③ 「占有を始めた」（占有取得）

　即時取得が認められるのには、前主から占有を取得する、つまり、**引渡しを受けること**が必要である。

　現実の引渡しや簡易の引渡しが、要件を満たすことに異論はない。前主を信頼して取引した者が現実に物を支配するに至っており、「占有を始めた」といってよいからである。

　占有改定については、外観上従来の占有状態に変更はなく、真の権利者（Z）が占有を託した相手方（Y）に裏切られたとはいえないことから、即時取得を否定している（最判昭32・12・27民集11・14・2485、最判昭35・2・11民集14・2・168）。したがって、 事例18 の場合、Xは、腕時計がYの所有に属すると信じており、そのことに過失がなかったとしても、現実に占有を取得していない以上、即時取得は認められない。真の権利者（Z）が占有者（Y）に対し腕時計の返還を求めた場合、Yが、腕時計を所持していながら第三者が即時取得したとして返還を拒むことができるのは不当なことからもうなずける。

　指図による占有移転とは、譲渡人が、占有代理人に対し、譲受人に譲渡したので以後譲受人のために占有することを命じ、譲受人がこれを承諾した場合である（民法184条）。例えば、所有者Zから腕時計の所持を命じられたYが、占有代理人Aに所持させていたところ、Yが譲受人Xに腕時計を譲り渡す合意をし、Xが承諾したが、所持はAのままであったという場合である。Yは、占有（間接占有）者

であったが、上記合意により占有者ではなくなっており、占有改定のように、占有者（Y）が変わっていない場合とは異なる。真の権利者（Z）が占有を託した者（Y）に裏切られたということができ、譲受人Xの即時取得を認めてよい。

④　占有取得の態様

　民法192条の裏返しで、占有取得が、強迫や暴行、隠匿、悪意、過失による場合は、即時取得は成立しない。

　悪意とは前主が無権利者であると知っていた場合であり、過失は、取引上要求されるべきことをせずに前主が権利者であると信じたことである。動産取引は、簡易迅速に多数の行為が行われるので、前主が権利者であるかにつき高度な注意義務が要求されるわけではないことに注意を要する。

3　即時取得の効果

　民法192条による即時取得は**原始取得**である。そのため、**即時取得した物に付着していた質権等の権利は消滅する。**

　ただし、盗品や遺失物に関する特則があり、被害者又は遺失者は、盗難又は遺失の時から2年間、占有者に対して物の回復を請求することができる（民法193条）。2年以内に回復請求がされた場合、占有者が目的物を販売する商人等から善意で（盗難又は遺失物と知らずに）買い受けたときは、被害者又は遺失者は占有者が支払った代価を弁償しなければ物を回復することはできない（民法194条）。

第6章　占有権

1　占有権の意義

> **事例19**
>
> 　Ｘは、Ｘが所有する甲動産をＹが勝手に持って行ったので、所有権に基づく引渡請求をしようと思ったが、占有権に基づく引渡請求も可能であると聞かされた。両者はどう違うのだろうか。

　占有権は、「自己のためにする意思をもって物を所持すること」によって取得する（民法180条）。**占有権は、所有権とは別であり、占有していることによって認められるものである。**

　なぜ占有権が認められるかについては、次のような説明がされている。

　占有権に基づく明渡請求等が認められているのは、**本権の保護**に根ざしている。所有権等の本権を有する者は、所有権に基づいて返還請求等をすることが認められるが、所有権を有することを立証することが困難なことが少なくなく、占有していることを立証することで、妨害の排除や予防をすることができ、本権を保護することが可能となる。例えば、**事例19**の場合、ＸはＹに対し甲動産につき所有権に基づく引渡請求権が認められる。ところが、Ｘが甲動産を所有している立証は必ずしも容易ではない。もともとＡが所有していた甲動産を令和4年5月5日に代金100万円で買ったことなどを立証しなければならないが、買ったことを証する契約書等がなく、立証が困難で、時間を要することが少なくない。それに対し、占有権を主張するのであれば、自己が甲動産を占有していたことを立証すれば足りるので、容易であるといえる。

第6章

　また、**物を無償で借りた人などは、所有権等を有していないことも多い。債権には排他性がなく**（3頁参照）、**債権に基づいて第三者に請求することはできない。これに対し、物を無償で借りた占有者は、占有権に基づいて、妨害者に対して返還等を請求することができる。**

　なお、建物の賃貸借（※）については、借地借家法（民法の特別法であり、まず特別法が適用される。民法総則1頁）が適用されるので、建物の賃借人は、引渡しにより対抗要件が備わり（借地借家法31条）、賃借権に基づく請求をすることができる。このため、建物の賃借人は、物の占有者に対し、占有回収の訴えのほか、賃借権に基づく返還請求も可能である。

> ※　建物の賃貸借とは
> 　建物の賃貸借は、借地借家法により引渡しが対抗要件になるなど、賃借人の保護が図られ、物権に近い形になっています。この点は、「債権各論」で学びます。

2　占有権の成立要件

> **事例20**
> 　Xは、甲動産を所有していたが、Yに賃貸していた。ところが、Zにより甲動産が持ち去られた。XやYはZに対しいかなる請求をすることができるか。

（1）　物の所持
　民法180条の「物を所持」とは、ある者が物を支配していると評価できる状態をいう。例えば、建物であれば、現実に住んでいなくても、

第6章

鍵を掛けて鍵を保管していれば占有しているといえるし、土地であれば、土地上にAの所有である旨の看板を立てておけばAが占有しているといえる。

(2)　代理占有

民法181条は、「占有権は、代理人によって取得することができる」と定める。**代理人は、本人に代わって意思表示するのではなく、本人のために占有する者（占有代理人）である**（※）。

例えば、ある動産の賃貸借契約であれば、賃借人がその動産を現実に占有しているが、賃貸人も代理人（賃借人）によって占有しているということができ、**賃借人の占有を直接占有**といい、**賃貸人の占有を間接占有**という。両者とも、占有に基づく権利を有し、義務を負う。例えば、その動産を第三者が勝手に持って行った場合には、両者とも占有回収の訴えを起こすことができる（所有者は所有権に基づく返還請求の訴えを起こすこともできる。）。したがって、 事例20 では、XもYも占有回収の訴えを起こすことができる（加えて、Xは所有権に基づく返還請求をすることもできる。）。

> ※　占有補助者とは
> 　本人のみに占有が認められ、**物を所持する者に占有が認められないこともあります。占有補助者**と呼ばれ、例えば**建物賃借人の配偶者や子等**です。この場合には、占有は建物賃借人にのみ生じ、その配偶者等には生じません。占有補助者には、「自己のためにする意思」(民法180条) がないと考えられるからです。したがって、例えば、建物賃借人に対して明渡請求をして認められると、その配偶者等は、占有補助者として建物を明け渡さなければなりません。

3　占有権の効力

> **事例21**
>
> 　XはAから甲土地を買って占有している。登記名義はAのままであったが、ある時不動産登記を調べると、AからYに移っていた。でも、Xは、自己が占有しているし、民法188条があるので、自分の所有権は安泰だと思っている。その当否は──。

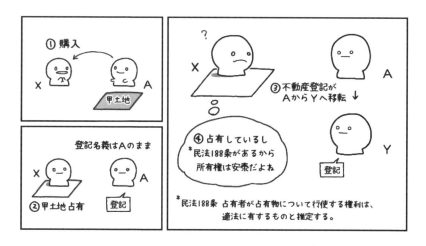

　民法188条により推定される権利は、通常、所有権である。占有者は、民法186条1項により、所有の意思があるものと推定されるからである。

　ただし、次の2点に注意が必要である。

① 　**この推定は、権利の変動については働かないと考えられている**（最判昭35・3・1民集14・3・327）。つまり、占有者Xが、Yから賃借を受けたなどの占有権原をYに対し主張する場合、自己の前主Yを適法な権利者と認めてそこから権利を取得した旨を主張しているのであるから、Xは、民法188条による推定規定の適用はなく、Yに対し、自ら占有権原（賃貸借等）があることを主張・立証しなければならな

い。

② **既登記不動産については、占有に民法188条は適用されず、不動産
登記に民法188条が適用されると考えられる。**登記の所有名義人が
登記のとおり所有権を有することの蓋然性の程度は、不動産の占有
者が所有権を有することの蓋然性をはるかに超えるからである。し
たがって、事例21 では、Ｘは、民法188条を根拠として、自己に所
有権があると推定することはできない。これに対し、未登記不動産
については、民法188条が適用される。この場合には、より高度の蓋
然性が認められる登記がないため、占有がある場合の所有権の推定
が揺らがないと考えられるからである。

4　占有の訴え

事例22 （事例19 の続き）

　Ｘは、後日、甲動産を占有しているＹを発見した。Ｘは、自力で取り
戻そうかと思ったが、それは適法だろうか。

　占有者は、占有が侵害された場合又はそのおそれがある場合、占有
の回復や予防を求めることができる（民法197条）。占有の訴えは、**物に
対する事実的支配を保護**するための制度である。
　占有の訴えには、所有権に基づく各種請求権（8頁）と同様に、次の
3種類がある。
① **占有保持の訴え**（民法198条）
　　所有権に基づく妨害排除請求権に対応
② **占有保全の訴え**（民法199条）
　　所有権に基づく妨害予防請求権に対応
③ **占有回収の訴え**（民法200条）

　　所有権に基づく返還請求権に対応

　なお、占有保持の訴え及び占有回収の訴えは、占有を奪われた時か
ら1年内など、短期の行使期間制限がある（民法201条1項・3項）。占有の
訴えによる保護は、現状維持のための応急的、かつ、仮の保護にすぎ
ないと考えられることによる。

　事例22 のように、Xは、占有権や所有権に基づく訴えによらずに、
自分の物だからということで甲動産を持ち帰るのは、原則として違法
である（最判昭40・12・7民集19・9・2101）。これを**自力救済の禁止**という。
ただし、占有を侵害する行為に対し、時間的、場所的に近接している
場合には、占有を回収するための相当な限度での実力行使は違法では
ないと考えられる。 事例22 は、後日発見したとのことであり、時間
的に近接しているとはいえず、適法とはならない。

第
7
章

第7章　所有権

1　所有権とは

　所有権は、目的物を自由に使用・収益・処分することができる権利である（民法206条）。つまり、所有者は、所有物を、自ら使用したり、他人に貸したり、売ったりすることができる。**物を排他的・全面的に支配する権利である**といえる。

　ただし、建ぺい率等の関係で自由に建物を建てられないなど、所有権に関する制限は多い。

2　相隣関係

　相隣関係については、条文数は多いが（民法209条〜238条）、比較的重要と思われる**隣地通行権**を取り上げる。これは当事者の合意ではなく、法律の規定によって生じる物権である。

　他の土地に囲まれて公道に通じない土地（袋地）は、公道に至るため、その土地を囲んでいる他の土地を通行することができる（民法210条）。土地を利用できないという社会的損失を避けるために法律上当然に認められる権利である。例えば、下記イラストのとおり、**周りを他人の土地に囲まれて公道に出ることができない場合、他の土地を通行することができる**。通行の場所及び方法は、通行権を有する者のために必要であり、かつ、他の土地のために損害が最も少ないものでなければならない（民法211条1項）。

　自動車による通行が認められるかは、自動車による通行を認める必要性、周辺の土地の状況、自動車による通行が認められることにより

当該土地の所有者が被る不利益等の諸事情を総合考慮して決められる（自動車の通行を認めた例として、最判平成18年3月16日（民集60・3・735））。

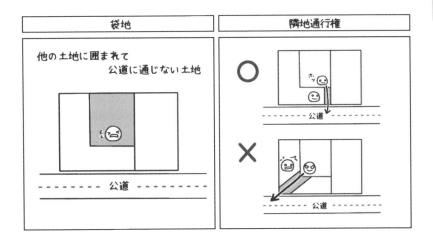

3　不動産の付合

　不動産の付合（民法242条）には、「強い付合」と「弱い付合」がある。

　強い付合は、当該不動産と別個独立の取引ができない場合である。この場合には、**民法242条ただし書は適用されず、必ず不動産と一体となる**。例えば、甲建物の壁や天井にクロス張り（乙動産）をしたような場合である。甲建物と乙動産を分離すると、その一方又は双方が損傷し、社会的に損失となるからである。この場合、乙動産の所有者は、乙動産を取得した者（甲建物の所有者）に対し、民法703条又は704条の規定に従って償金を請求することができる（民法248条）。

　弱い付合は、部屋にエアコンを設置したような場合であり、この場合には、**取り外しが可能であり、付属物は建物所有権に吸収されず、**

権原を持つ者がその物を付属させた場合には、付属物の所有者は、その所有権を失わない（民法242条ただし書）。権原とは、他人の不動産に物を付属させて利用する権利をいい、賃借権、使用借権等その不動産を利用する権利のことである。

4　共　有

複数の者がある一つの物を所有する「共有」と、本来一つの所有権の客体である建物の一部を所有する「区分所有」がある（区分所有は5で扱う。）。

共有者は、共有物の全部について、その持分に応じた使用をすることができる（民法249条1項）。持分とは割合的分量であり、持分権は各共有者が共有物上に有する権利（持分2分の1とか3分の1というような権利）のことである。持分権の合計が「1」になる。

共有物についての権利の行使は、次のようになっている。

① 共有物の変更

共有物の変更は、売却や取壊し等である。共有物に変更（著しい変更を伴わないものを除く。）を加える場合、共有者全員の同意が必要である（民法251条1項）。

② 共有物の管理

共有物の管理は、著しい変更を伴わない共有物の利用や改良である。例えば、共有物である建物について3年以内の期間を定めて賃貸することなどである（民法252条4項。3年を超えて賃貸することは売買に近づくことを考慮したものと解される。）。これは、持分の過半数の同意があればできる（民法252条1項）。

③ 共有物の保存

共有物の保存は、現状を維持することであり、雨漏りの修繕や不

法占拠者の追い出し等である。保存行為は、共有者全員の利益になるため、**各共有者が単独**ですることができる（民法252条5項）。

事例23

　甲土地建物につき、X、Y、Zが各持分3分の1の割合で共有している。Xは、甲土地建物を利用してたこ焼き屋をやりたかったが、YやZとは面識がなく（民法総則72頁以下に記載したように、こういうことが起こり得る。）、YとZの同意が得られなかった。Xはこんな土地建物はいらない、と思うようになった。どうすればよいか。

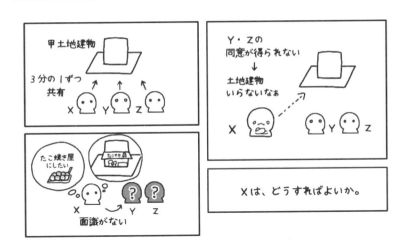

　共有者は、よく知っている者同士ならよいが、全く知らない者同士であれば相当窮屈である。例えば、よい買主が見つかったので、共有する土地を売りたいと思っても、共有者の一人でも反対すれば、その土地を売ることはできない（自己の共有持分を売ることはできるが、買主としては、持分を買っても同様に制約があるので、通常買わない。）。Xは、持分権が3分の1しかないので、単独では保存行為しかできない。

　そこで、共有関係から脱するため、当事者は、**いつでも分割請求をすることができる**（民法256条1項本文。不分割合意をすることは可能だが、5年以内という期間制限がある（同項ただし書）。）。分割については、まず、**話合いによる分割（協議分割）が試みられ、まとまらない場合には、裁判を起こし、裁判による分割（裁判分割）に進む**（民法258条1項）。

　協議分割ではどのような方法も可能だが、裁判分割では、裁判所は、①共有物の現物分割の方法、②共有者に債務を負担させて、他の共有者の持分の全部又は一部を取得させる方法により、共有物の分割を命じることができる（民法258条2項）。

　①の現物分割は、共有者が共有割合に応じて分けるものであるが、うまく分けることができないこともあり、②持分の価格以上の現物を取得する共有者が持分の価格以下の現物しか取得しない共有者に超過分の対価を支払い、過不足の調整をすること（一部価格賠償。最大判昭62・4・22民集41・3・408）のほか、共有者のうち一人又は複数の共有とし、これらの者から共有物を取得しない者に持分の価格を賠償する方法（全面的価格賠償）も認められている（最判平8・10・31民集50・9・2563）。価格賠償は、持分権の価格の評価が適正に行われ、支払を命じられた者に十分な支払能力があることが必要である。

　これらの方法により共有物を分割することができない場合や分割によって価格を著しく減少させるおそれがある場合は、裁判所は競売を命じることができる（民法258条3項）。

　 事例23 では、協議分割がうまくいかないようであれば、裁判分割を考えてみる必要がある。

5　建物の区分所有

マンション等の1棟の建物に、数個の構造上区分された部分があり、

その部分が独立して建物としての用途に利用できるとき、その部分（専用部分。例えば、マンションの101号室等）を所有権（**区分所有権**）の目的とすることができる（建物の区分所有等に関する法律1条）。各所有者を**区分所有者**という。区分所有者は全員で建物及び敷地に関する団体を構成し、集会を開いて共用部分の利用や共益費等について決めることになっている。建物の建替え等をめぐって各区分所有者間で争いになることもある。

第8章　用益物権

他人の土地の利用を内容とする物権を用益物権と呼ぶ。

　民法で規定されているものとして、地上権（民法265条～269条の2）、永小作権（民法270条～279条）、地役権（民法280条～293条）、入会権（民法294条）があるが、現実には利用は少ない。用益物権は、物権であり、強い保護が与えられているが、現在では、建物を借りる場合や建物所有を目的として土地を借りる場合には、借地借家法という特別法によって賃借人にかなり強い保護が与えられており、用益物権の重要性は劣る。

　本書では、ある程度使われている「地役権」のみ簡単に触れることとする。

1　地役権とは

　地役権は、自己の土地の便益のために他人の土地を使用する権利である（民法280条）。地役権によって便益を受ける土地を**要役地**、地役権の負担を引き受ける土地を**承役地**という。

　地役権は、契約によって設定されるが、要役地の所有権の従たるものとして、所有権とともに移転する（民法281条）。

2　地役権の時効取得

　地役権の時効取得については、「継続的に行使され、かつ、外形上認識することができるもの」に限られる（民法283条）。土地の通行地役権の場合、継続性の要件を満たすためには、**要役地の所有者によって承役地上に通路が開設されることを要する**（最判昭30・12・26民集9・14・2097、最判昭33・2・14民集12・2・268、最判平6・12・16判夕873・81）。**通路が開設さ**

れていない場合や他の者が通路を開設した場合には、承役地所有者が要役地所有者の通行を好意で黙認していることが珍しくないため、地役権の時効取得を認めることは適当でないといえるからである。

事例24

　Aが所有する土地を甲土地と乙土地に分筆し、甲土地をXに売却した。XとAは、甲土地が公道に面していなかったため、乙土地の一部に黙示的にXのために通行地役権を設定した（登記はされていない。）。その後、YがAから乙土地を譲り受けた。Yは、Xの通行地役権を認めなかったため、XはYに対し通行地役権の確認請求をした。Xの請求は認められるか。

（最判平成10年2月13日（民集52・1・65）を参考にしたもの）

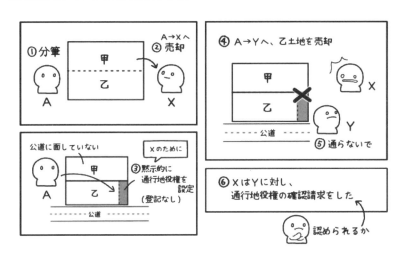

　最判平成10年2月13日（民集52・1・65）は、承役地が譲渡された場合、譲渡時に、①承役地が要役地所有者によって継続的に通路として使用されていることがその位置、形状、構造等の物理的状況から客観的に明らかであり（客観的要件）、かつ、②譲受人がそのことを認識してい

第8章

たか又は認識可能であったとき（主観的要件）は、譲受人は、地役権登記の不存在を主張するについて正当な利益を有する第三者に当たらない、とした。①と②を満たす場合には、通行地役権の負担は容易に知ることができるため、仮に、Yが通行地役権の負担を知らなかったとしても、Yが登記の不存在を主張することは、信義に反するといえる。

　この事案は、不動産の二重売買のように両立しない関係にある場合とは異なって、不動産について地役権等の制限物権を有する者が当該不動産の所有権を承継した第三者に対して制限物権を対抗できるかという問題であり、信義則に照らして、その第三者に制限物権の負担を甘受させるべきかを判断しており、背信的悪意者の判断構造とは異なっているといえる（41頁参照）。

第2部 担保物権法

66

　担保には、「人的担保」と「物的担保」がある。人的担保の代表例は保証であり、「債権総論」で扱う。ここでは、「物的担保」を扱うこととする。

　まず、比較的分かりやすく重要性がある留置権、よく登場する抵当権を扱い、その後に、質権、譲渡担保等の非典型担保を順次見ていき、最後に各担保権を総まとめとして見ることにする。

第1章　留置権

1　留置権とは

> **事例25**
>
> 　Ⅹは、外国製の時価100万円の甲腕時計を所有していたが、甲腕時計が故障し、時計店を営むⅯのところに持って行って修理を依頼した。Ⅿは、修理が終わったので、Ⅹに対し、修理代金1万円の支払と引換えに甲腕時計を引き渡す旨述べた。Ⅹは、100万円もする甲腕時計を修理代金1万円と引換えというのはおかしいのではないかと思ったが、Ⅹの考えはどうか。

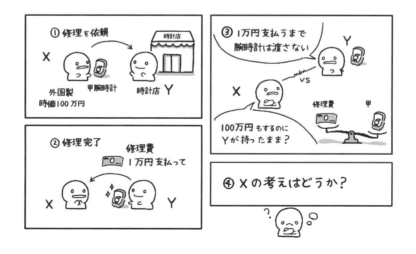

　留置権とは、他人の物の占有者が、その物に関して生じた弁済期にある債権を有するとき、その債権の弁済を受けるまで、その物を留置し、返還を拒むことができる担保物権である（民法295条1項）。 事例25 では、Yは、修繕代金を受け取っていないのに、修繕した物を返還しなければならないとすると、公平の理念に反すると考えられ、Xの見解は採り得ないと考えられる（※）。

※　同時履行の抗弁権との違いは

　同時履行の抗弁権は17頁で紹介しました。同時履行の抗弁権と留置権は同時に成立することが多いのですが、次のような違いがあります。

① 同時履行の抗弁権は、契約関係から生じるものですが、留置権はそのような制限はありません。

② 同時履行の抗弁権は、契約の相手方に対してのみ主張できるものですが、留置権は、物権であり、目的物の所有者が別にいたとしても、その所有者に対しても主張できます。 事例25 で、Xが甲腕時計をZに売った場合、Yは、Zに対しては、契約関係はなく、同時履行の抗弁権を主張することはできませんが、物権である留置権に基づいてZに対しても甲腕時計の引渡しを拒むことができます。

2　留置権の効力

　留置権は、他の担保物権とは違って、優先弁済的効力（※）はない。つまり、 事例25 の場合、Yは、甲腕時計を売却して売却代金から優先して弁済を受けることはできない。ただし、留置権は物権であり、他の者に対しても主張できるので、引渡しを拒むことができ、事実上の優先弁済権があるといえる。

　留置権の中心的なものとして、留置的効力がある。被担保債権の弁済を受けるまで、目的物を占有し、その返還を拒むことができる（民法

295条1項本文)。物を返してほしければ債務を弁済しなければならないという、債務の弁済を促す作用である。

　留置権者は、債権の全部の弁済を受けるまで、留置物全部について、権利を行使することができる（**不可分性**と呼ばれる。）（民法296条）。

※　優先弁済的効力とは

　優先弁済的効力とは、債権者平等の原則（例えば、100万円の債権を有する者が二人いて、債務者の全財産が100万円しかない場合、各債権者が50万円ずつ受領するという原則。債務者が破産した場合の原則です。）**を破って、他の債権者に優先して弁済を受けることができる効力**のことです。留置権では認められていませんが、それ以外の担保物権では最も重要な効力といえます（75頁、110頁、138頁参照）。

3　留置権の成立

　留置権は、次の場合に成立する（民法295条）。

---

①　他人の物を占有していること（民法295条1項本文）

②　その物に関して生じた債権を有すること（同上）

③　被担保債権の弁済期が到来していること（民法295条1項ただし書）

④　占有が不法行為によって始まったものではないこと（民法295条2項）

---

　①は、「他人の物」は債務者所有の物でなくてもよい。留置権は、物権であり、公平の観点から認められるものであるからである。

　事例26

　Xは、雨の日に居酒屋に行ったが、帰りに間違えてYの傘を持ち帰った。他方、Yも間違えてXの傘を持ち帰った。互いに返還しなければな

らないが、相手方が自己の傘を返すまで相手方の傘を留置することはできるか。

　②は、⑦**被担保債権がその物自体から生じた場合**、又は④**被担保債権が物の返還請求権と同一の法律関係又は事実関係から生じた場合**、**という二つの基準に基づいて判断している。**

　⑦は、 事例25 では、被担保債権である修理代金はその物（甲腕時計）自体から生じている。④については、 事例26 のように、XとYが傘を取り違えた場合、各傘の返還請求権が同一の事実関係から生じたといえる。

　事例27

　Aは、Yに対し甲土地を売却して引き渡したが、所有権移転登記をしなかった。その後、Aは、甲土地をXに売却し、所有権移転登記をした。XがYに対し所有権に基づき甲土地の明渡請求をしたところ、Yが留置権を主張した。どうなるか。

　民法177条により、Xが背信的悪意者でない限り、登記を得たXが所有権を有することになる。では、Yは留置権を主張できるか。

　Yは、Aに対し、自己が買い受けた甲土地を勝手に売られたわけであるから、損害賠償請求権を有する。Yの主張する留置権は、YのAに対する損害賠償請求権を担保するためである。ところが、Aは、既にXに甲土地を売っているのであるから、Yが留置権を行使しても、AがYに対し損害賠償金を支払う効果が生じない。このため、留置的効力が働く関係にはなく、留置権は成立しない。

　③は、被担保債権が弁済期にないときは、留置権は成立しない。こうしないと弁済期前の弁済を強制することになるからである。

　④は、例えば、時計店を営むYがXから腕時計を盗んで修理しても（このようなことは考え難いが）、Yの占有は不法行為によって始まったものであり、公平の観点から、Yは腕時計を留置する権利を有しない。占有が適法に始まったが、ある時点から違法になり、その後に必要費等を支出した場合（例えば、賃借人が賃料を支払わず賃貸借契約を解除されたのに、解除後に屋根の修理費を支出した場合）は、どうか。この場合、占有する権原がないことを知りながら不法に占有しているのであり、必要費を支出したとしても、民法295条2項の類推適用により、建物の留置権を主張できない（最判昭41・3・3民集20・3・386）。

第2章　抵当権

　抵当権は、不動産を対象とする担保物権である。

　これまでにも不動産に抵当権が設けられている事案は多く扱った
が、まず、抵当権が設定された後どうなるのかを、長い事例だが、事例28 で見てみる。

事例28

　Xは、3500万円で甲土地建物を買ったが、手元の資金として1000万円
があり、売主にそれを支払い、残2500万円につきY銀行から借り入れて
支払った。Y銀行への返済方法は、毎月10万円を支払い、遅滞額が30万
円に達した時は期限の利益（民法総則120頁参照）を失うという約定であ
った。Xは、Y銀行のために甲土地建物に被担保債権額を2500万円とす
る1番抵当権（※）を設定した。そして、その後、Xは、友人から事業を
開始する資金援助を頼まれ、Z信用金庫から500万円を借り入れて、それ
を貸すことにしたが、Z信用金庫のために2番抵当権を設定した。

　ところが、Xは、勤めている会社が倒産したために失業し、その後就
職できたものの、従前の給与額は得られず、毎月10万円の返済ができな
くなり、Y銀行に対する遅滞額は30万円になって期限の利益を失ったが、
その時のY銀行に対する債務額は1500万円であった。Z信用金庫に対し
ては500万円の債権が残っていた。

　Y銀行は、残債権1500万円につき甲土地建物に付した抵当権に基づき、
裁判所に対し競売の申立てをした（抵当権が付されていることを示す登
記事項証明書を裁判所に提出すれば足りる。抵当権の存在が判決と同様
の位置づけ（民事執行法181条1項3号）。）。裁判所は、甲土地建物を差し押さ
えた後、執行官による現況調査、評価人（不動産鑑定士）による甲土地
建物の評価があり、売却基準価額（この8割以上の価額でしか入札できな
いという価額）を1600万円と設定した。入札が始まり、最高価額1800万
円で売却された（最も高い価額で入札した者（買受人）に売却される。）。

買受人が1800万円を裁判所に納付し、甲土地建物の所有権を取得した。

　1800万円のうち、Y銀行（1番抵当権者）の残債権1500万円とZ信用金庫（2番抵当権者）の債権のうち300万円が配当された。この結果、Xは甲土地建物を失い、Y銀行は満足し、Z信用金庫はXに対し無担保で残額200万円の債権を有することになった。

（遅延損害金や執行費用は無視した。民事執行法に各条文があるが、記載を省略した。）

第2章

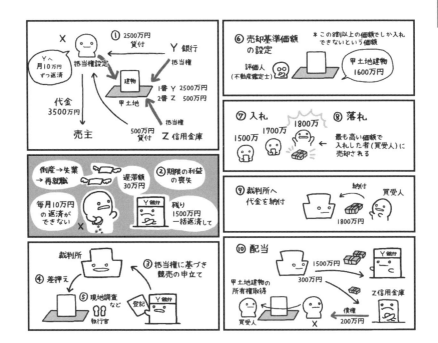

※　1番抵当権、2番抵当権とは
　抵当権は、不動産登記記録を見れば分かります。順番が付され、最初の抵当権が1番抵当権、次が2番抵当権というように順番が付されます。配当は、順に従ってされるので、下位の抵当権者には配当が回らないことも少なくありません。ある抵当権からみて先に付された抵当権を先順

位（せんじゅんい）抵当権、後に付された抵当権を後順位（こうじゅんい）抵当権と呼びます。

権利部（乙区）（所有権以外の権利に関する事項）			
順位番号	登記の目的	受付年月日・受付番号	権利者その他の事項
1	抵当権設定	令和3年3月3日第50号	原因　令和3年3月2日金銭消費貸借同日設定 債権額　2500万円 債務者　岡山市北区野田屋町80 　　X 抵当権者　大阪市中央区大手前100 　　Y銀行
2	抵当権設定	令和3年12月1日第150号	原因　令和3年12月1日金銭消費貸借同日設定 債権額　500万円 債務者　岡山市北区野田屋町80 　　X 抵当権者　岡山市北区本町100 　　Z信用金庫

※　上記記載内容は見本である。
※　不動産登記には、同じ土地に甲区欄（所有権）と乙区欄（所有権以外の権利）がある。誰が所有しているかは甲区欄で、それ以外のどのような抵当権が付けられているかは乙区欄で確認する。

1　抵当権の成立と効力

(1)　抵当権とは

　抵当権は、不動産を対象とする担保物権である（民法369条1項）。**目的物の占有は抵当権設定後も、債権者に移転しない。このため、債権者**

が占有を取得せず、現状は変わらないので、抵当権の公示は「登記」によって行われる（このため、登記制度がない動産を抵当権の対象とすることはできない。）。**不動産を買い受けるに当たっては、不動産登記に注意し、抵当権等が付されていないかや、付されている場合には債権額等を確認することによって、取引の安全が図られている。**

(2)　抵当権の成立

抵当権は、債権者と抵当不動産の所有者との間の**抵当権設定契約**により設定される。所有者は債務者のことが多いが、**債務者以外の者が債務者のために自己所有の不動産を担保として提供することもある**（**物上保証人**と呼ばれる。）。また、抵当不動産の所有権が第三者に譲渡されると、その第三者（**第三取得者**）は、抵当権の付された不動産を取得したことになり、物上保証人と類似した地位に立つ。

(3)　抵当権の特徴

ア　優先弁済権

抵当権者は、他の債権者に先立って自己の債権の弁済を受ける権利（優先弁済権）を有する（民法369条1項）。民事執行法に基づいて抵当不動産の競売を求め、その売却代金から優先的に弁済を受ける。 事例 28 でも、1番抵当権者であるＹ銀行が抵当不動産の競売を求め、その売却代金から優先的に弁済を受けている。

イ　不可分性

抵当権は、被担保債権が存在する限り、不可分なものとして存続する（民法372条・296条）。 事例28 で、抵当権実行前のＸは、Ｙ銀行に対し1000万円を弁済しているが、全額を弁済したわけではなく、抵当権はそのまま残っている。

ウ　付従性

抵当権が設定される場合、必ず債権（被担保債権）が存在する。被

担保債権は通常、金銭債権である。被担保債権が消滅すると、抵当権も付従性により消滅する。

　被担保債権が第三者に移転すると、抵当権もその者に移転する。例えば、AがYに対して債権を有し、Yの所有する土地に抵当権の設定を受けていたが、AがXに対し債権を譲渡した場合、抵当権もXのために移転する（付従性。ただし、根抵当権は付従性が緩和されていることは、108頁参照）。

（4）　抵当権の被担保債権の範囲

　抵当権は、被担保債権のほか、被担保債権から発生する利息、遅延損害金も担保する（民法375条）。ただし、利息、遅延損害金については抵当権実行時から遡り「最後の2年分」に限られる。不履行状態が長引くにつれ、無限に膨れ上がり、後順位抵当権者や一般債権者が不測の損害を被るのを防ぐ趣旨である。このように、民法375条は、後順位抵当権者等の利益を考慮した規定であるので、配当手続に参加する他の債権者がいなければ、抵当権者は、利息・遅延損害金につき全額の配当を受けることができる。

（5）　対抗要件

　抵当権も第三者に対する対抗要件は登記である（民法177条）。所有権と異なるのは、**同じ不動産に一つの抵当権というのではなく、登記の先後によって順位を付して抵当権設定登記ができることである**（民法373条）。先の抵当権が弁済等によって消滅すると、後順位の抵当権の順位が繰り上がる（**順位上昇の原則**）。 事例28 でも、Y銀行のために1番抵当権、Z信用金庫のために2番抵当権が設けられている（Y銀行に対する弁済が終わると、Z信用金庫は1番抵当権者になるが、 事例28 では、弁済が終わる前に競売に付されている。）。

(6)　無効登記の流用

> **事例29**
>
> 　Xは、Yに1000万円を貸し、Y所有の不動産に抵当権の設定を受けていたが、1000万円の弁済を受けた。Xは、後日、また貸すこともあると思って抵当権設定登記をそのままにしていたところ、2か月後にまたYに1000万円を貸すことになったので、抵当権設定登記をそのまま利用することにした。Xの考えはどうか。

　抵当権は、被担保債権の消滅により、抵当権設定登記も無効となる。**順位上昇の原則を期待している後順位抵当権者の利益を考えなければ**ならないからである。しかし、登記の抹消や新たな登記には費用や労力がかかる（※）。**登記を流用することにより不利益を受ける第三者（後順位抵当権者等）がいない場合にも一律に効力を否定しなければならない理由はなく、その場合には流用登記の有効性を認めている**（最判昭49・12・24民集28・10・2117）。したがって、　**事例29**　では、流用登記により不利益を受ける第三者がいない限り、後の1000万円の担保として抵当権設定登記は有効と考えられる。

> ※　登記費用は幾らかかるか
> 　例えば、1000万円の抵当権を設定する場合、その登記をするのに0.4%（4万円）の登録免許税がかかります。それに司法書士に任せる場合にはその費用（数万円）も要します。

(7)　物上代位

　抵当権者は、抵当不動産の売却、賃貸、滅失又は損傷によって所有者が受けるべき金銭について抵当権を行使することができる（物上代位（民法372条・304条））。

　**物上代位を行うには、金銭が抵当不動産の所有者に引き渡される前
に、金銭の引渡請求権を差し押さえる必要がある**（民法304条1項ただし
書）。

　例えば、抵当権が付された建物が火災により滅失した場合、所有者
が火災保険に入っていると、火災保険金が支払われるが、抵当権者は、
それが所有者に支払われる前に、火災保険金の支払請求権を差し押さ
える必要がある（抵当権の効力が火災保険金の支払請求権に及ぶこと
については、「滅失又は損傷」に当たると解されている。）。所有者に支
払われると、所有者の一般財産に混入し、抵当権は一般財産について
優先弁済権があるわけではないからである。

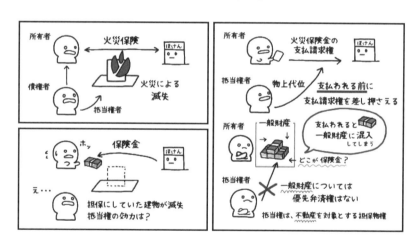

　抵当権に基づく差押えは、抵当権の存在が勝訴判決と類似するもの
であり、抵当権設定登記がされていることの登記事項証明書を提出し
て行う（民事執行法181条1項3号）。

　債権者がいかなる権利について**物上代位できるか**については、**売買
代金債権については否定**されている（条文上は「売却」が入っている

が、抵当権については否定されていることに注意）。抵当権は、目的物が売却されても、その効力を有するので、新たな所有者に対しても抵当権を主張でき、売買代金債権に物上代位を認める実益に乏しいからである。

　では、賃料債権についてはどうか。**被担保債権の不履行があった場合、抵当不動産の賃貸によって所有者が得た対価（賃料）につき、物上代位として、抵当権の効力が及ぶ**と解される。もともと非占有担保である抵当権につき、賃料債権の物上代位が認められるかは争いがあったが、最判平成元年10月27日（民集43・9・1070）は、「使用の対価（賃料）について抵当権を行使できるものと解したとしても、抵当権設定者の目的物に対する使用を妨げることにはならない」とし、賃料債権につき物上代位を認めた。物上代位を認めることによって、抵当権設定者が賃料収入を得られなくなったとしても、その収入は被担保債権の弁済に使われるので、抵当権設定者の利益ともなるからである。

　平成15年法改正（平成15年法律134号）により、**抵当不動産の収益から債権を回収する担保不動産収益執行（※）の手続が設けられ**（民事執行法180条2号）、民法371条が改正されて、被担保債権の不履行があった場合、抵当権の効力が賃料に及ぶことが明確になった（同条の「果実」とは、賃料等のことである（民法88条2項）。）。

※　担保不動産収益執行とは

　担保不動産収益執行は、上記平成15年の民事執行法改正により、新たに導入された制度です（民事執行法180条2号）。例えば、抵当権の担保する債務について不履行があった場合、賃貸マンションに付された抵当権者が担保不動産収益執行を申し立てることにより、抵当不動産を競売にかけずに、その家賃を収受し、優先的に債権回収を図ることができます。

2 抵当権の効力の及ぶ範囲

(1) 付加一体物

抵当不動産に「付加して一体となっている物」(**付加一体物**)は、抵当権設定契約で別段の定めをしない限り、抵当権の効力が及ぶ(民法370条)。当事者は、通常、抵当権の効力を目的不動産だけではなく、その付加一体物にも及ぶと想定しているからである。

この観点から、不動産に付合した物は独立の存在を失い、不動産上に設定された抵当権の効力が及ぶ(最判昭44・3・28民集23・3・699)(付合については57頁参照)。

(2) 従 物

では、従物は、どうか。抵当権の設定は、**抵当権設定当時に当事者が合理的に予測した範囲において、抵当権の効力は後に付属させた従物にも及ぶ**と考えられる。なぜなら、抵当権の設定は、経済的に一体となっている物を含めて抵当権の対象としていると考えられること、抵当権設定後に目的物の改良や畳の入替えなどが予定されていることからすると、当事者の意思として、従物にも抵当権の効力が及ぶと考えられるからである。判例は、宅地上の庭園に付設された植木や取外しが困難な庭石を付加一体物とし、石灯籠や取外しが可能な庭石を従物とし、抵当権の効力が及ぶとした(前掲最判昭44・3・28民集23・3・699)。他にガソリンスタンドの店舗建物と経済的、客観的に一体として使用され、建物内の設備と管によって連通している地下タンク等の諸設備を、建物の従物とし、抵当権の効力を及ぼしたものがある(最判平2・4・19判タ734・108)。

3　抵当不動産と賃借人の関係

事例30

　XはAから甲建物を借りた。甲建物にはそれ以前に抵当権者をBとする抵当権が設定されていたが、Bが抵当権を実行し、Yが甲建物を競売で買い受けた。XはYから甲建物の明渡しを求められた。Xは直ちに甲建物から退去しなければならないか。

　抵当権と賃借権との関係は、まず、賃借権の対抗要件具備（借地上の自己所有建物の登記（借地借家法10条1項）又は賃貸建物の引渡し（借地借家法31条））が抵当権設定登記より早ければ、抵当権に対抗することができる（民法177条）（抵当権に基づく競売になっても、買受人は賃借権の付された不動産を取得することになる。）。

　これに対し、**抵当権の設定登記に後れる賃借権は、抵当権が実行され、競売手続で買受人が現れると、対抗できない**。ただし、次の二つの**例外**がある。

① 抵当権設定登記後の賃借権であっても、抵当権者の同意及びその登記があれば、同意をした抵当権者に対抗することができる（民法387条）。同意は賃借権よりも先に登記された抵当権者全員から得なければならない。

② **抵当権設定登記後の賃借権であっても、競売手続の開始前から抵当建物を使用収益する者に対し、競売における買受後6か月の引渡猶予期間が与えられている**（民法395条1項）。建物の賃借人等の建物使用者に限られ、**6か月の引渡猶予期間は、新しい場所を探して移転する期間として十分と考えられるからである**。なお、買受人が代金を納付したことにより、抵当不動産の所有権は買受人に移転するので、その時点で対抗できない賃借権は終了するが、引渡しが猶予されている期間中は、賃料相当額を不当利得（※）として買受人に支払わなければならず、相当期間内に支払がない場合、引渡猶予期間は消滅する（民法395条2項）。

したがって、 事例30 では、Xは、買受人が現れた後、6か月は明渡しを猶予されるが、その期間内に退去しなければならない。

> ※　不当利得とは
> 　一方当事者が利得し、他方当事者が損失を被っている場合、利得と損失との間に因果関係があれば、損失者は不当利得して利得者に返還請求をすることができます。 事例30 では、賃貸借は消滅していますが、法により占有が認められているわけですから、不法行為（民法709条）にはなりません。ただし、利得者と損失者が出ているわけですから、不当利得になります（不当利得については、「債権各論」で学びます。）。

4　法定地上権

　土地と建物がもともと別人に帰属していれば、当事者間で建物のために土地の賃借権等の権利が設定されており、土地又は建物に付された抵当権による競売の結果、買受人は、その地位を引き継ぐことになり、民法177条の対抗関係として処理される。例えば、土地に抵当権が設定される前に土地の所有者から賃借して建物を建てた者は、建物の自己所有の登記が抵当権の登記より早ければ、抵当権が実行されて買い受けた者に対し、土地の賃借権を対抗することができる（借地借家法10条1項）。

　問題となるのは、**同一人が土地と建物を所有し、抵当権が一方又は双方に設定されており、競売の結果、別々の所有者に帰属するようになった場合**である（もともと土地と建物が同じ所有者に属しているから、建物のために賃借権等を設定することはできず、競売の結果、別々の所有者に属することになった場合、建物の所有者は、土地の所有者と賃貸借契約等を結んでおらず、土地の利用権限がなく、建物を取り壊さなければならないことになる。）。

　そこで、**建物所有者と抵当権者の合理的意思と十分に利用できる建物を壊すことは社会経済的に好ましくないという公益的要請から、法律で地上権（法定地上権）を認める**ことにした（最判平9・2・14民集51・2・375参照。なお、合理的意思の方が公益的要請よりも重視されているように思われる。）。つまり、法定地上権とは、法によって成立する地上権（民法265条）という意味である。法定地上権が認められると、存続期間は30年となり（借地借家法3条）、物権であるから譲渡自由という強力な権利ということになる。

　法定地上権は、次の四つの要件を満たす場合に成立する（民法388条）。

> ① 抵当権設定当時、土地上に建物が存在したこと
> ② 抵当権設定当時、土地と建物が同一所有者に帰属していたこと
> ③ 土地又は建物に抵当権が設定されたこと
> ④ 抵当権実行により、土地と建物が異なる所有者に帰属するに至ったこと

まず、前提として、建物と土地の価値を見ておく。

事例31

　価格が2000万円の土地に1000万円の価値のある建物を建てて、建物に土地の利用権原がある場合、土地と建物の価値はどうなるか。

　事例31の場合、土地が2000万円、建物が1000万円という評価になるのではない。建物には土地を利用する地上権等の権利があり、建物の価値にその権利がプラスされる。通常、地上権等の権利は、土地の価格の30％〜90％であり、商業地域ほど高いといわれる。そうすると、上記例で、地上権等の価値を土地価格の60％とすると、次のようになる。

　建物の価値　　　1000万円＋2000万円×60％＝2200万円
　土地の価値　　　2000万円×40％＝800万円

ところが、地上権等がないと建物を壊すしかなく、建物の所有者は建物の収去費用を要するなど、マイナスである。そこで、法定地上権を認めた。他方、土地の所有者としては、**法定地上権が認められると、土地価格が大幅に下落するため、法定地上権が認められるのもやむを得ないという状況にあったことが必要である。**この観点から、各場合

を考えてみる（なお、建物の価値は、建物が古くなるので、毎年下落していくが、土地の価格は、上昇したり、下落したりする（毎年公表される「地価公示価格」（国土交通省）参照）。）。

（1）　①抵当権設定当時に、土地上に建物が存在したこと

　抵当権設定当時、抵当権者は、土地上に建物が存在すれば、建物のための利用権を前提として土地を評価することができるが、建物が存在しないと、更地（さらち。建物が存在せず、土地利用権がない土地）として評価したのに、土地に法定地上権が認められると不測の損害を被ることになる。 事例31 では、仮に、更地の土地に抵当権を設定した後に、建物が建てられたとすると、抵当権者は、土地の価格を2000万円と評価して土地に抵当権の設定を受けたのに、法定地上権が認められると、800万円の価値しかなく、不測の損害を被ることになる。法定地上権が認められるかは、抵当権者が、土地の評価をするに当たり、地上権の負担を前提としていたかが最も重要な点である。

　では、次の場合どう考えるべきか。

　ア　将来建てられる建物を考慮して土地の評価をした場合

事例32

　Xは、Y銀行から融資を受けて更地に抵当権を設定し、その資金で建物を建築した。Y銀行は、土地を評価するに当たって、将来建てられる建物の利用権設定のために減価しているはずである。その場合、法定地上権を認めてよいか。

　 事例32 の場合、法定地上権を認めても抵当権者（Y銀行）は損害を被らないとも考えられるが、不動産登記記録上現れない事情である（不動産登記記録からは、抵当権設定時よりも後に地上建物が建てら

れたことしか分からない。）ため、抵当権が実行されて買受人が現れた
場合、**不動産登記記録を確認し、法定地上権は成立しないものと評価
して土地を買い受けているから、不測の損害を被る可能性がある**。こ
のため、**法定地上権は認められない**（最判昭36・2・10民集15・2・219）。

・土地の登記記録

権利部（乙区）（所有権以外の権利に関する事項）			
順位番号	登記の目的	受付年月日・受付番号	権利者その他の事項
1	抵当権設定	令和3年3月3日 第50号	原因　令和3年3月2日金銭消費貸借同日設定 債権額　3000万円 債務者　岡山市北区野田屋町80 　　　　X 抵当権者　大阪市中央区大手前100 　　　　Y銀行

※　土地の抵当権の登記が建物の保存登記に先立つ。

・建物の登記記録

表題部（主である建物の表示）		調整	余白	不動産番号	1234567890123
所在	岡山市北区野田屋町				
家屋番号	80番				
①種類	②構造	③床面積m²		原因及びその日付（登記の日付）	
居宅	木造かわらぶき平家建て	92	00	令和3年10月1日新築	
所有者	岡山市北区野田屋町80　　X				

※　上記登記記録の記載内容は見本である。

イ　建物が再築された場合

> **事例33**
>
> 　Yは、所有する甲土地と甲土地上の乙建物につき、A（債権者）のために抵当権を設定し、その登記をした。その後、乙建物が解体され、Yは新たに丙建物を建てた。甲土地の抵当権が実行され、Xが買受人になった。XはYに対し、丙建物の収去を求めることはできるか。

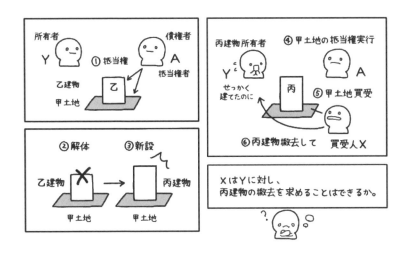

　抵当権設定当時、建物が存在したが、その後滅失し、再築された場合、再築された建物につき法定地上権を認めるべきか。

　最高裁は、土地抵当権者の当初の担保価値と変わらない事情（新建物の所有者が土地の所有者と同一で、新建物について土地抵当権者が抵当権の設定を受けた等の事情）がない限り、**法定地上権は認められない**とした（最判平9・2・14民集51・2・375）。土地建物に抵当権が付されていたが、建物が再築された場合（旧建物に付されていた抵当権は消滅する。）、土地の抵当権者が新建物に抵当権の設定を受けると問題は

ないが、それがされないまま、土地が競売された場合、**建物について法定地上権を認めると、土地の抵当権者は法定地上権の負担の付いた土地**（ 事例31 では800万円）の価値しか把握していないことになるからである。この結果、建物を保護するという公益的要請に反する結果となるが、当事者の合理的意思に反してまで、公益的要請を重視すべきであるとはいえない。

(2)　②抵当権設定当時に、土地と建物が同一所有者に帰属していたこと

土地と建物が異なる所有者に帰属している場合には、当事者の合意により、約定の土地利用権を設定することが可能である。

抵当権設定時に②の要件を満たしていると、その後、土地や建物の所有者が変わっても、法定地上権は認められる。建物が第三者に譲渡された場合には、借地権等の利用権が設定されるが、抵当権設定後の借地権等であるので、第三者は、抵当権に対抗できないため、法定地上権を認める必要性があるからである。

以下、問題となる場合を検討する。

ア　1番抵当権と2番抵当権設定時の土地と建物の帰属

事例34

　土地について1番抵当権が設定された当時、建物は別人の所有であったが、土地の2番抵当権が設定された当時は、建物も同一人の所有であった場合に、1番抵当権に基づいて競売が行われた場合、建物につき法定地上権は成立するか。また、同事例において、1番抵当権が抹消された後に、2番抵当権が実行された場合は、どうか。

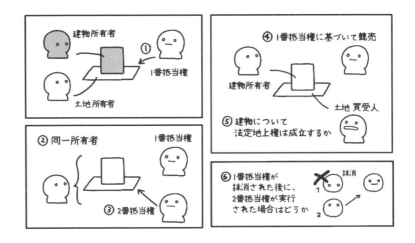

　最判平成2年1月22日（民集44・1・314）は、**土地について1番抵当権が設定された当時、土地と地上建物の所有者が異なり、法定地上権成立の要件を満たしていない場合**には、土地と建物が同一人の所有に帰した後に後順位抵当権が設定されたとしても、**法定地上権は成立しない**、とした。1番抵当権者は、法定地上権の負担のないものとして、土地の担保価値を把握しているのであるから、後に土地と建物が同一人に帰属し、後順位抵当権が設定されたことによって法定地上権が成立するものとすると、**1番抵当権者が把握した担保価値を損なうことになる**（仮に、建物について利用権がないものと把握していた場合には、土地につき2000万円の価値と評価して抵当権の設定を受けたのに、建物に法定地上権が認められると、800万円の価値しかない。）からである。

　では、土地の所有者と建物の所有者との間に親子や夫婦関係があった場合は、どうか。この場合でも、異なる所有者に属する以上、法定地上権を認めることはできない。親子・夫婦間であっても、土地の利用権を設定することは可能であって、考慮されるべき人間関係は一義

的に決まるものでもなく、親子や夫婦であることを法定地上権の成否の判断に当たって考慮することは相当でないからである。

　他方、最判平成19年7月6日（民集61・5・1940）は、1番抵当権が消滅し、抹消されていた場合については、**法定地上権は、競売によって消滅する抵当権のうち最先順位の抵当権の設定時を基準にすべきであるとし、法定地上権を認めた**。なぜなら、2番抵当権者としては、1番抵当権が被担保債権の弁済等により消滅することもあることを予測した上で、その場合の順位上昇の利益と法定地上権成立の不利益とを考慮して担保余力を把握すべきであり、法定地上権の成立を認めても2番抵当権者に不測の損害を与えるものではないこと、法定地上権の成否の判断に当たり、既に抹消された抵当権を考慮すべきこととすると、1番抵当権設定当時の土地・建物の権利関係を調査しなければならないが、その作業が困難であることなどからである。

　　イ　土地又は建物が共有の場合

　土地又は建物の共有者の一人が「同一所有者」である場合、どう考えるべきか。

事例35

① 　土地が共有（YとA）であり、その一人（Y）が建物を単独所有した上で、土地共有持分について抵当権を設定していたが、それが実行されてXが取得した場合、建物は単独所有（Y）、土地が共有（XとA）となるが、法定地上権は成立するか。

② 　建物が共有（YとA）であり、その一人（A）が土地を単独所有し、土地上に設定された抵当権が実行されてXが取得した場合、建物は共有（YとA）、土地が単独所有（X）となるが、法定地上権は成立するか。

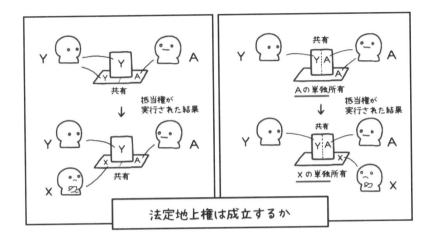

土地が共有（YとA）、建物が単独所有（Y）の場合、土地共有者（Y）が自己の持分について抵当権を設定し、その後、抵当権が実行された場合（土地が買受人XとAの共有）、法定地上権の成立は否定される（最判昭29・12・23民集8・12・2235）。共有地全体に対して地上権の成立を認めることは、抵当権設定に関与していなかった土地の共有持分権（Aの持分）が地上権の負担を伴うことになり、不当であって、法定地上権を成立させるべきではないからである。

これに対し、建物が共有（YとA）、土地が単独所有（A）の場合は、Aは、自己だけではなく、建物共有者（Y）のために土地利用を認めていると考えられることを理由として、法定地上権の成立を認める（最判昭46・12・21民集25・9・1610）。

このように、土地共有であれば法定地上権を認めず、建物共有であれば法定地上権を認める。法定地上権の負担を受ける土地の共有者の利益を害さないようにするためである。

なお、土地建物とも共有（XとY）の場合で、土地の一人の共有持

分（X）が競売されたときも、法定地上権の成立を否定する（最判平6・4・7民集48・3・889、最判平6・12・20民集48・8・1470）。土地共有者（Y）の利益を考慮したものである。

(3)　③土地又は建物に抵当権が設定されたこと

土地、建物の双方に抵当権が設定されている場合も含まれる。

(4)　④抵当権実行により、土地と建物が異なる所有者に帰属するに至ったこと

抵当権実行により、土地と建物の買受人が同一人であった場合には、法定地上権を認める必要がない。

(5)　法定地上権の内容

法定地上権の内容は、当事者間で決めるのが原則であるが、合意できない場合には、30年である（借地借家法3条）。地代についても合意ができない場合は、当事者の請求により裁判所が定める（民法388条後段）。

(6)　一括競売権

土地に抵当権が付されて登記がされた後に、土地の賃貸借契約がされて建物が建てられた場合（賃借人は抵当権者に対抗できない場合）、土地の抵当権が実行されると、法定地上権が成立しないと土地上の建物を取り壊すほかない。しかし、**土地抵当権者が、土地と建物を一括して競売に付すことができる**（民法389条1項本文）。建物を取り壊すには費用がかかるし、一括競売により利用可能な建物を取り壊さなくてよいというメリットもある。

土地建物が競売された後は、優先弁済権は土地の売却金から受ける（民法389条1項ただし書）。売却金のうち建物の分は、建物所有者に交付される。

5　抵当権の侵害

> **事例36**
>
> 　Xは、Yにお金を貸し、担保としてY所有の甲土地建物について抵当権の設定を受けた。ところが、Xは、Yがお金を返還しないので、抵当権の実行を裁判所に申し立てようと思っているが、甲土地建物には、既にYの姿はなく、反社会的勢力者と思われる人が住んでいる。このまま抵当権の実行を申し立てても、甲土地建物を誰も買わないのではないかと思われた。何か方法はないか。

　抵当権の付された不動産（抵当不動産）の使用は、抵当不動産の所有者に委ねられているため、所有者が自ら使用することも他人に使用させることも、差し支えない。ただし、第三者が、占有権原がないのに占有している場合には、抵当不動産の価値が下落する可能性がある（占有者が反社会的勢力者などで、立ち退かせるのに苦労することが予想される場合には、競売になっても買受人が現れないこともある（※）。）。

　そこで、最大判平成11年11月24日（民集53・8・1899）は、第三者が抵当不動産を不法占有する場合について、「第三者が抵当不動産を不法占有することにより、競売手続の進行が害され適正な価額よりも売却価額が下落するおそれがあるなど、**抵当不動産の交換価値の実現が妨げられ抵当権者の優先弁済請求権の行使が困難となるような状態があるときは、これを抵当権に対する侵害と評価することを妨げるものではない**」と判示し、従来の抵当不動産が不法占有されていても抵当権が侵害されているわけではないとする判例（最判平3・3・22民集45・3・268）を変更した。

　その後、最高裁は、抵当権者が占有する賃借人に対して抵当権に基づく妨害排除請求をした事案についても、「賃借権の設定に抵当権の実行としての競売手続を妨害する目的が認められ、その占有により抵当不動産の交換価値の実現が妨げられて抵当権者の優先弁済請求権の行使が困難となるような状態にあるときは、抵当権者は、当該占有者に対し、抵当権に基づく妨害排除請求として、上記状態の排除を求めることができる」とし、さらに、「抵当不動産の所有者において抵当権に対する侵害が生じないように抵当不動産を適切に維持管理することが期待できない場合には、抵当権者は、当該占有者に対し、直接自己への抵当不動産の明渡しを求めることができる」とした（最判平17・3・10民集59・2・356）。

　まとめると、最高裁は、**抵当権者による占有権原のある占有者に対する妨害排除請求権を肯定したが、その要件として、①賃借権等の占有権原の設定に競売手続を妨害する目的があること（主観的要件）、②抵当権に基づく優先弁済請求権の行使が困難になること（客観的要件）が必要である。さらに、抵当不動産の所有者が抵当不動産を適切に維**

持管理することができない場合には、**抵当権者が抵当不動産を直接自己に引き渡すよう求めることができる**（抵当権者による占有は、所有者に代わって抵当権実行目的で維持管理するためのものであって、目的物を使用・収益する経済的利益を有するものではない。）。

> ※　占有屋とは
>
> 　占有屋は、一般に、担保不動産が競売に付される際に不動産を占有し、競売を妨害して高額な立退料を要求する者のことです。平成の初期は、バブル経済を背景として、活発に活動をし、占有屋を立ち退かせる相場は100万円（その占有者に支払う金銭）ということがいわれたりしましたが、現在は、不動産価額が安定し、法改正（短期賃貸借の廃止や引渡命令の創設等）もあり、占有屋は見掛けなくなりました。
>
> 　そういえば、バブル経済が少し過ぎた頃に執行事件を担当しましたが、不動産価額が高騰しており、買受人が申し出た買受額で全債権者の債権額を支払っても、なおかなりの額が残ることもありました。その額は不動産所有者（債務者）に支払われますが、不動産所有者が、債務が支払えずに行方不明になるケースもあり、もったいないなと思いました。

6　抵当権の処分

　抵当権者は、自らの「優先弁済を受ける地位」を後順位抵当権者や一般債権者との関係で放棄し、譲渡することができる。

一般債権者との間	抵当権の譲渡・放棄（民法376条）
後順位抵当権者との間	抵当権の順位の譲渡・放棄（民法376条）
後順位抵当権者との間	抵当権の順位の変更（民法374条）

　┌─────┐
　│ 事例37 │
　└─────┘
　甲土地に次のような抵当権が設定され、甲土地が競売により3000万円

で売却されたとする。配当はどうなるか（手続費用は考慮しない。）。

　　　第1順位　　債権者A　　被担保債権額2000万円

　　　第2順位　　債権者B　　同　　　　　　2000万円

　　　第3順位　　債権者C　　同　　　　　　3000万円

　　　一般債権者　D　　　　同　　　　　　 500万円

　この場合、配当額は、A2000万円、B1000万円、C0円、D0円となる。

　抵当権の譲渡・放棄は、抵当権者が一般債権者に対し、自己の優先弁済権を譲渡・放棄することである。 事例37 で、AがDに抵当権を譲渡すると、A2000万円とD0円の合計配当額2000万円につき、DがAに優先し、Dが500万円、Aが1500万円となる（B、Cは変わらず。）。AがDとの間で抵当権を放棄すると、AとDは同順位となり、債権額に応じた割合（A1600万円、D400万円）で配当を受ける（B、Cは変わらず。）。

　抵当権の順位の譲渡・放棄は、先順位抵当権者が後順位抵当権者に対し、自己の優先弁済権を譲渡・放棄することである。 事例37 で、AがCに抵当権の順位を譲渡すると、A2000万円の範囲内でCがAに優先し、C2000万円、A0円となる（B、Dは変わらず。）。AがCとの間で抵当権の順位を放棄すると、AとCは同順位となり、債権額に応じた割合（A800万円、C1200万円）で配当を受ける（B、Dは変わらず。）。

　抵当権の順位の変更は、順位の入替えであり、不利益を受ける者全員の同意を要する（民法374条1項）。 事例37 で、例えば、第1順位のAと第3順位のCが順位の変更をすると、第1順位C（3000万円）、第2順位B（2000万円）、第3順位A（2000万円）となり、配当額は、C3000万円、B0円、A0円となり、Bにも影響するので、Bの同意が必要で

ある。順位変更の合意は、登記しなければ効力を生じない（民法374条2項）。

7　共同抵当

(1)　共同抵当とは

　共同抵当とは、債権者が同一の債権の担保として数個の不動産につき抵当権を有することをいう（民法392条）。共同抵当である旨の登記（不動産登記法83条1項4号）をし、共同担保目録（同条2項）が作成される。

権利部（乙区）（所有権以外の権利に関する事項）			
順位番号	登記の目的	受付年月日・受付番号	権利者その他の事項
1	抵当権設定	令和3年3月3日 第50号	原因　令和3年3月2日金銭消費貸借 債権額　8000万円 債務者　岡山市北区野田屋町80 　　　　X 抵当権者　大阪市中央区大手前100 　　Y銀行 共同担保目録(3)第25号

共同担保目録			
記号及び番号	(3)第25号		
番　号	担保の目的である権利の表示	順位番号	予　備
1	岡山市北区野田屋町80の土地	1	
2	大阪市中央区大手前100の土地	1	

※　上記目録の記載内容は見本である。
※　番号1と2の各土地の登記記録のいずれにも「共同担保目録」が作成され（2の

土地の登記記録は省略した。)、どの不動産が共同担保の目的になっているかが分かる。

物的担保の弱点は、不動産の価値の変動にある。経済状況の変動や目的物の経年変化等により、設定時に期待した担保価値を維持できない可能性がある。そこで、一つの債権を担保するために、複数の不動産に抵当権を設定することが行われている。

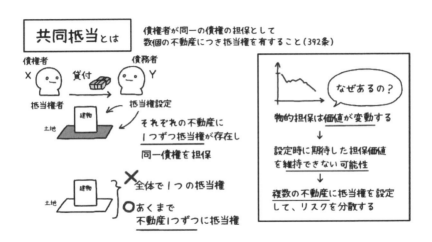

(2) 複数の債務者所有不動産

事例38

　債務者所有の甲不動産（評価額2000万円）と乙不動産（評価額2000万円）に、Aが第1順位の共同抵当権（被担保債権額3000万円）を有しており、甲不動産にBが第2順位の抵当権（被担保債権額1000万円）、乙不動産にCが第2順位の抵当権（被担保債権額1000万円）を有していた場合、Aが甲不動産か乙不動産のいずれから競売の申立てをするかで、B、Cの配当額はどうなるか。

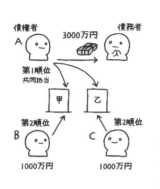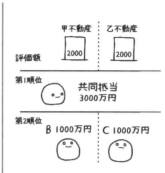

　甲・乙不動産を同時に売却し同時配当の場合には、各不動産の価額に応じて共同抵当の被担保債権額を割り付ける（民法392条1項）。この結果、 事例38 では、Aは、甲、乙不動産から各1500万円の配当を受け、B、Cは、第2順位の抵当権に基づき、各500万円の配当を受ける。

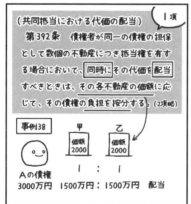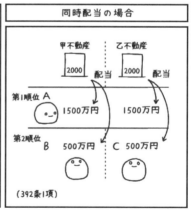

　では、Aがまず甲不動産から競売の申立てをして、その後に乙不動産の競売の申立てをする（異時配当）と、どうなるか。甲不動産からAが2000万円全額の配当を受け、その後にAは乙不動産から1000万円の配当を受け、残1000万円はCが配当を受けることができるようにみえる。しかし、これではBとCが不平等になるため、異時配当の場合には、共同抵当権者（A）は被担保債権額全額まで優先的に弁済を受けることができるが（民法392条2項前段）、後順位抵当権者（B）は、共同抵

当権者に代位し、共同抵当権者が抵当権を有している他の不動産から、同時配当が行われたならば、共同抵当権者が得られたはずの額の限度で、配当を受けることができる（民法392条2項後段）。この結果、**同時配当と同じ結果となる**。後順位抵当権者の利益を保護するためである。

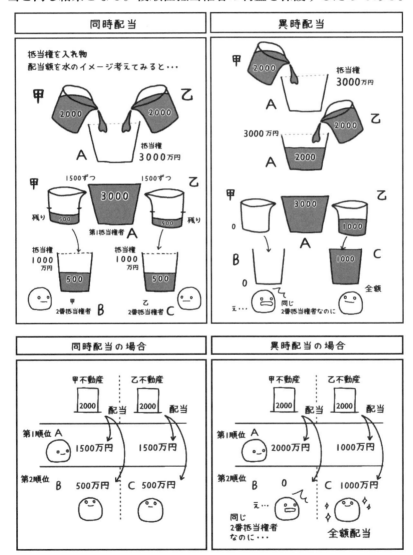

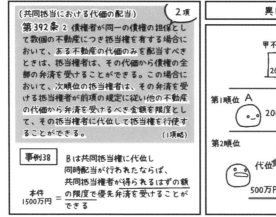

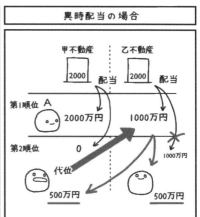

(3)　債務者所有不動産と物上保証人所有不動産

事例39

　Xは、債務者Y1に対し3000万円の債権を有しており、Y1所有の甲不動産（評価額2000万円）、物上保証人Y2所有の乙不動産（評価額2000万円）に、Xが第1順位の共同抵当権（被担保債権額3000万円）を有していた。競売手続により、甲・乙不動産が売却された場合、配当はどうなるか。

　甲・乙不動産が共に競売で売却された場合、**物上保証人（他人の債務のために自己の財産を担保に提供した人）は、飽くまで他人の債務の弁済を強制される立場にあるから、なるべく負担を軽減すべきであり、まず債務者所有の不動産から弁済に充てられるべきである**（最判昭44・7・3民集23・8・1297）。その結果、甲不動産がY1の弁済に充てられ、結果的に、甲不動産が先に競売される異時配当と同じになる。

　したがって、配当は次のとおりとなる。

　甲不動産につき　　　X 2000万円

　乙不動産につき　　　X 1000万円、残1000万円はY 2へ。

事例40

　事例39 で、甲不動産にAが第2順位の抵当権（被担保債権額1000万円）を有していた場合、初めに甲不動産の抵当権が実行されたときと、乙不動産の抵当権が実行されたときで、配当はどうなるか。

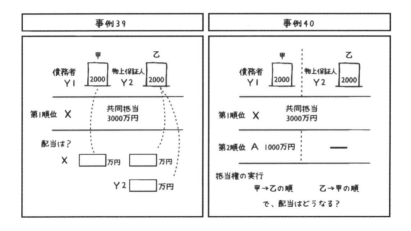

　初めに乙不動産の抵当権が実行された場合を考えてみる。Xは乙不動産から2000万円の配当を受け、Y 2はY 1に対し同額の求償権（※）を取得する（民法372条・351条）。後に甲不動産が実行されると、まずXが1000万円の配当を受け、次にY 2がXに代位して、後順位抵当権者（A）に優先して、1000万円の配当を受けることができ、Aは配当を受けることはできない。この場合、**民法392条は適用されない**。そうでなければ、**物上保証人の代位権が、債務者所有の不動産に後順位抵当権が設定されたことにより不当に害される**からである（大判昭4・1・30新聞2945・12）。

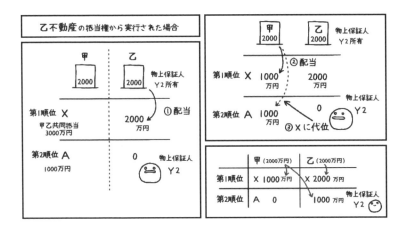

では、先に甲不動産から抵当権の実行がされた場合はどうか。この場合、同様に、Aは乙不動産について代位することはできない（前掲最判昭44・7・3民集23・8・1297）。すなわち、後に乙不動産が競売された場合には、Xは甲不動産から2000万円、乙不動産から1000万円、残1000万円はY2が取得する。

結局、甲不動産と乙不動産のどちらから先に抵当権の実行がされても、結果は変わらない。

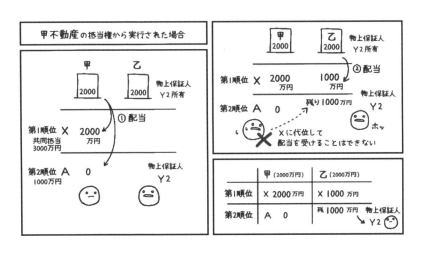

※求償権とは

　保証人や物上保証人が債権者に支払った場合、保証人や物上保証人は、債務者に代わって支払ったのですから、支払った額の支払を債務者に対して求めることができます（民法499条～502条）。これを求償権といいます。「債権総論」で学びます。

事例41

　事例39 で、Y2がBから1000万円を借り、乙不動産にBが2番抵当権（被担保債権額1000万円）を有していた場合、配当はどうなるか。

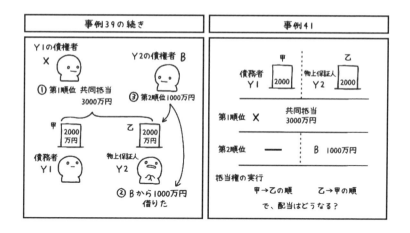

　初めに、甲不動産から抵当権が実行された場合を考えると、Xは、1番抵当権に基づき、甲不動産から2000万円、後に競売された乙不動産から1000万円、Bが、2番抵当権に基づき1000万円を取得する。

　次に、乙不動産から抵当権が実行された場合を考えると、Xは乙不動産から2000万円、後に競売された甲不動産から1000万円を取得するが、甲不動産の残1000万円は、どうなるか。この場合、乙不動産の2番

抵当権は、Y2自身が自己の債務のために設けた抵当権であるから、Y
2に法定代位を認めるとしても、Y2がBに優先するのは不当である。
そこで、Bは、民法372条、304条1項本文の規定により物上代位をする
のと同様に、Y2に優先して配当を受けることができる（最判昭60・5・23
民集39・4・940）。

　結局、**甲不動産と乙不動産のどちらから先に抵当権の実行がされて
も、結果は変わらない。**

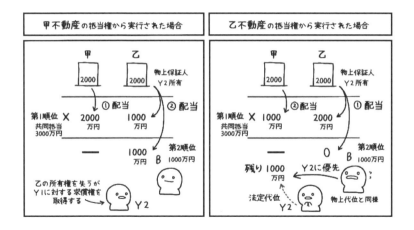

（4）　複数の物上保証人所有不動産

事例42

　甲・乙不動産（評価額各2000万円）共に物上保証人Y2の所有であり、
A（被担保債権額3000万円）が両不動産に1番抵当権、B（同1000万円）
が甲不動産に2番抵当権、C（同1000万円）が乙不動産に2番抵当権を有
していた場合、まず甲不動産から抵当権が実行されたとき、配当はどう
なるか。

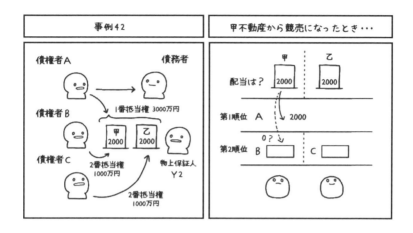

判例は、両不動産が物上保証人の所有であった場合には、民法392条2項後段を適用する（最判平4・11・6民集46・8・2625）。**後順位抵当権者は、先順位である共同抵当権者の負担を甲・乙不動産の価額に応じて配当すれば、余剰が生じることを期待して抵当権の設定を受けるのが通常**であり、先順位の抵当権者が甲不動産につき債権の全額を受けることができるために、後順位抵当権者の利益が害されるときは、**債務者が所有する不動産に共同抵当権を設定した場合と同様に、民法392条2項後段の規定する代位により、その期待を保護すべきだからである。つまり、甲・乙不動産共に債務者に属する場合（前記(2)）と同じ扱いになる。**

8　抵当権の消滅

抵当権は、次の場合に消滅する。

(1)　債務者による弁済

債務者が被担保債権の全額を弁済することにより、抵当権は消滅す

る。任意の弁済がない場合でも、 事例28 （72頁）のように、抵当不動産が競売され、買受人が代金を支払うと、抵当権は消滅する。

(2)　被担保債権・抵当権の時効消滅

被担保債権が時効消滅すると、抵当権も付従性により消滅する（76頁参照）。時効援用権者につき、物上保証人や抵当不動産の第三取得者も含まれるが、後順位抵当権者は含まれないと解するのが、判例である（民法総則98頁参照）。

抵当権が、被担保債権とは別に時効消滅するかについては、債務者及び物上保証人との関係では、抵当権が被担保債権とは別に消滅することはない（民法396条）。

(3)　目的物の取得時効

抵当不動産につき取得時効が成立すると、抵当権は消滅する（民法397条）。取得時効は原始取得であり、取得者は負担のない物を取得するからである（民法総則87頁）。ただし、取得時効者が債務者又は物上保証人であった場合には抵当権は消滅しない（民法397条）。債務者又は物上保証人が不動産を長期にわたって占有しても、抵当権を設定した者だからである。

(4)　代価弁済

抵当不動産が第三者に売却された場合、抵当権者が請求し、抵当不動産を買い受けた第三者が代金を抵当権者に支払うことにより、抵当権は消滅する（**代価弁済**（民法378条））。例えば、土地の価格が5000万円、抵当権の被担保債権額が7000万円であった場合、5000万円で購入した第三取得者が、抵当権者の請求に応じ、抵当権者にその額を支払って抵当権を抹消させることができる（抵当権者は債務者に対し2000

万円の無担保の債権が残る。）。

(5)　抵当権消滅請求

　抵当権者からの請求がない場合でも、抵当不動産の第三取得者が、一定額を提供することによって、不動産上の全ての抵当権を消滅させるよう請求することができる（**抵当権消滅請求**（民法379条～386条））。例えば、被担保債権の額が抵当不動産の額を上回る場合（例えば、時価5000万円の不動産に被担保債権額が7000万円の抵当権が付けられていた場合）、抵当不動産の所有権を取得した者が、抵当権者に対し、申出額（例えば5000万円）の支払と引換えに、抵当権の消滅を求める制度である。この申出に対し、抵当権者は、申出額に納得できない場合、競売の申立てをすることができる（民法385条）。

9　根抵当権

(1)　根抵当権とは

　根抵当権とは、一定の範囲に属する不特定の債権を極度額の限度で担保する抵当権である（民法398条の2第1項。なお、条文が枝番になっているのは、昭和46年に導入（昭和46年法律99号による民法改正）されたからである。）。

　継続的な取引をしている場合、同じ債権者・債務者間で、債権が発生しては消えていくという関係にある。抵当権を設定しても、被担保債権の消滅により抵当権も消滅するので（付従性）、債権が発生した場合には、改めて抵当権を設定しなければならず、煩雑であり、合理的ではない。そこで、根抵当の制度が設けられた。

　根抵当権設定契約においては、**極度額**を定めなければならない（民法398条の2・398条の3）。根抵当権については、極度額が基準となるため、極度額の範囲内であれば、元本確定後に生じた利息を含め、無制限に

保証される。例えば、極度額を「1億円」、被担保債権を「電気製品販売契約」と定めると、債権者と債務者間の電気製品販売契約による債権を1億円まで担保することになる。

(2)　元本の確定

根抵当権の被担保債権は、不特定であるので、優先弁済を受けるには、被担保債権を特定しなければならない。

　当事者間で、5年以内の範囲内で元本確定日を決めておくことができ（民法398条の6）、元本確定日で確定する。元本確定日を決めていない場合には、根抵当権者は、いつでも確定請求をし、請求をした時に確定するが（民法398条の19第2項）、根抵当権設定者からの確定請求は、根抵当権設定時から3年が経過するまではできず、かつ、請求時から2週間が経過しないと確定しない（民法398条の19第1項）。根抵当権の実行によっても確定する（民法398条の20）。

第3章　質　権

1　質権とは

> **事例43**
>
> 　Xは、甲宝石を友人からもらったが、お金に困り、甲宝石を担保としてお金を入手したいと考え、質屋を営むY質店に甲宝石を持って行くことにした。質権とは、どのようなものか。

　質権は、債権者が、債権の担保として、債務者又は第三者から受け取った物を占有し、弁済がない場合には、その物から他の債権者に先立って自己の債権の弁済を受ける権利を有する担保物権である（民法342条）。

　典型例としては、質屋が債務者から宝石の提供を受けて融資し、弁済がされるまで宝石を預かり、弁済ができなかったときは、宝石を競売に付すなどの方法で、競売代金等から優先的に配当を受けることが挙げられる。**事例43**では、Xが弁済できなければ、Yは甲宝石から他の者に優先して弁済を受けることができる。

　質権には、被担保債権が弁済されるまで、目的物を取り上げ、債務者に心理的圧力をかけて、間接的に弁済を促す留置的効力がある（民法347条本文）ほか、**債務者が履行しないときは、質物を換価して自己の債権の弁済に充てる優先弁済的効力**（民法342条）がある。

　質権には、動産質（民法352条〜355条）、不動産質（民法356条〜361条）、権利質（預金債権等の債権を質に入れるもの（民法362条〜366条）。）がある。不動産質はほとんど利用されておらず、基本的なこととして、動産質を説明する。

2　質権の成立

　質権者と債務者又は物上保証人との間の質権設定契約に基づき、質権者に目的物を引き渡すことによって成立する（民法344条）。物権変動に関する意思主義（民法176条）の例外として、目的物の引渡しを要する。

　引渡しには、現実の引渡し（民法182条1項）、簡易の引渡し（民法182条2項）又は指図による占有移転（民法184条）があるが（45頁参照）、**占有改定による引渡し**（民法183条）**による質権は認められていない**（民法345条参照）。**質権は、留置的効力によって債務者に心理的に圧迫して弁済を促すというものであるが、占有改定は引き続き債務者が占有を継続するものであり、この目的に沿わないからである。**

　目的物が質権設定者の物でない場合、質権設定は取引行為である（48頁参照）ので、動産の即時取得（民法192条）の要件を満たせば、債権者は質権を有効に取得する。

3　質権の対抗要件

　動産質の対抗要件は、質権者が引渡しを受けた質物を継続して占有することである（民法352条）。質物が第三者に奪われた場合には、質権の対抗力は失われるから、第三者に対し質権に基づいて返還を請求することはできないが、占有回収の訴え（54頁参照）によって質物の返還請求をすることができる（民法353条）。

4　質権の効力

　質権設定契約において、質権者に弁済として質物の所有権を取得さ

第3章

せ、その他法律に定める方法によらないで質物を処分させる特約（流質（りゅうしち））をすることはできない（民法349条）。債務者の困窮につけ込んで、質権者が暴利行為に及ぶことを防止するためである。弁済期後は、流質を禁止する規定はないので、公序良俗（民法90条）に反しない限り、行って差し支えない（なお、質屋営業法によって許可を受けた営業質屋の質権では、流質が認められている（質屋営業法18条）。行政による監督がされていることやコストの観点から認められたものである。）。

5 転 質

　質権者は、質権設定を受けた質物について、更に質権を設定することができる（民法348条）。例えば、Aが所有する甲宝石にBのために質権を設定した（この質権を原質権という。）ところ、Bがこの甲宝石をCのために質権を設定する（この質権を転質権という。）場合である。

　転質も質権であるから、質権設定の要件を満たす必要があり、BからCへの目的物の引渡しを行わなければならず（民法344条）、対抗要件はCの質物の占有である（民法352条）。転質の効果として、転質権者（C）は、原質権者（B）の質権の範囲内で、原質権者に優先して弁済を受けることができる。

コラム　セコく贅沢な友達

放送作家　奥村康治

　「放送の仕事をしていると芸能人の友達いるんでしょ？」と聞かれることもある。確かに数々のタレント、芸人、芸能人に会うが、それはすれ違いという程度のもので、「友達」といえるのは、上方落語界の「KD」（大御所の直系の弟子で名前は秘しておく。）ぐらいだ。KDとはラジオ番組の仕事を一緒にしたのだが、それ以来30年間、ことあるごとに飲みに行っている。なぜ、彼とそれほどまでに仲良くなったのか、いろいろ考えてみると、惹かれた理由は、そのセコさにあるとしかいえない。

　付き合いのまだ浅かった頃、KDとある立ち飲み屋へ行った。場所は立ち飲み屋の「銀座」ともいえる西成だ。大阪中に立ち飲み屋があるが西成はその中でも最安で飲める。確かまだ午後3時ぐらいだったが、既に5人ほどのおっちゃんが飲んでいた。店主に「何にしましょ？」と聞かれ、私は壁に貼ってある、水着を着たタレントのビール会社のポスターを見て（今ではもうこんなポスターは見掛けなくなった。）、「生ビール」と言った。「一杯目は生ビールでしょう」そんな思い込みがあった。KDは「瓶ビール、大瓶で」と言った。

　意外に思った私が、「生ビールちゃうんか」と言うと、KDは「『生』は入れる人によって、量も微妙にちゃうし、店によったらサーバーが掃除されてないこともあるしな。その点、瓶はどの店行っても品質は確かや」と言う。店主はKDの目の前で栓を開けて、瓶とコップをカウンターに置いた。「栓も開けたて。ほんまもんでっせ、ということや」と、ビール会社のロゴが入ったコップに手酌でビールを注ぎ、私のジョッキに合わせた。バブル時代、大瓶320円。生ビール350円だった。店の他の客も全員、瓶ビールを頼んでいた。

　KDは新世界の近くに行き着けの寿司屋があり、よく一緒に行った。夕方の早い時間だと、寿司屋にたどりつくまでに、串カツ店や居酒屋の店頭から呼び込みの声が聞こえる。ある串カツ店の店員は「生ビール、

一杯、200円ですよ」と言ってきた。KDはそこでいちいち、チェックを入れる。「それ、ほんまもんのビール？発泡酒ちゃうん？」失礼極まりない話だが、店員が笑顔で「ほんまもんですよー。スーパードライです」と言う。それでもKDは納得せず、食い下がる。「ジョッキはどんなん？」店員は怒りもせず、店の奥へ走って入り、ジョッキを持って戻ってくる。「500ccたっぷり入ります」。「ほう、上げ底ちゃうな。ほんなら、いただこか、と言いたいところやけど、お通しあんねんやろ？」。「はい、200円、いただいています」。「これから寿司食いに行くねん。お通しは要らんわー」。「あ、いいですよ。なしで」。「そしたら一杯だけ飲むか」。ここまでやり取りして、やっと店に入り、お通しは断る代わりに串カツの盛り合わせを頼み、本当に一杯「だけ」飲んだ。そして、寿司屋へ向かった。「ビール飲んで、腹ごしらえしたら、寿司屋で安うつくやろ？」KDは果てしなくセコい。

　刺身がおいしいのが寿司屋なのにKDは鯛のアラ焼きを頼む。だからといって、私が刺身の盛り合わせを頼んで、KDがそれをつまんだとしても、代金は私持ちになる。それが嫌なので、寿司屋に来たのにKDと一緒に鯛のアラをつつく。彼との付き合いで、私も十分セコくなっていた。

　KDはセコいのだが、アラを食べるときは身が多く付いている部分を私に分けてくれる。自分は骨ばかりのところを爪楊枝で器用に身をせせる。爪の先ほどの身が皿に少しずつ溜まっていき、分解した骨も皿に重ねられていく。身の山ができたところで、熱燗が届き、KDはせせり取った身をあてに飲む。「骨についた身がうまいんや」。確かに旨そうだ。

　セコいKDが急に贅沢な奴に見えた。

　「その身、一欠片でええから頂戴や」「セコいな」「お前に言われたないわ」KDがせせり取った鯛の身を横取りして飲むのも贅沢だ。

第4章　非典型担保

　非典型担保とは、民法典には規定がない（根抵当権は、もともと民法典に規定がなかったが、昭和46年（昭和46年法律99号）に設けられた。）が、実務上の必要性があり、実際に使われている担保権である。物権法定主義に反しないと考えられることについては、4頁参照のこと。

1　譲渡担保

（1）　譲渡担保とは

```
事例44
```

　Yは、Xから500万円を借りるに当たって、担保提供を求められたが、不動産はなく、甲機械（時価1000万円相当）しか目ぼしい財産はなかった。Yは、Xからそれを譲渡担保に供することを求められた。Yは、「譲渡担保ってなんのこっちゃ」と思ったが、そのまま甲機械を使っていいと言われたので、それを了承した。譲渡担保って何だろうか。

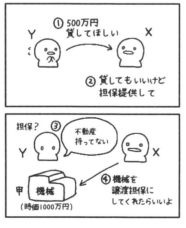

　譲渡担保は、担保目的として、所有権など財産権を、譲渡担保権設定者（以下「設定者」という。）から譲渡担保権者に移転させるものである。例えば、XがYに対し金銭を貸すに当たり、Yが所有する甲不動産について、YがXに譲渡担保に供することを合意し、それを原因として所有権移転登記をした場合である。

権利部（甲区）（所有権に関する事項）			
順位番号	登記の目的	受付年月日・受付番号	権利者その他の事項
〔省略〕			
3	所有権移転	令和3年10月3日第100号	原因　令和3年10月1日譲渡担保所有者　東京都北区赤羽北100　X

※1　記入内容は見本である。
※2　実質は「譲渡担保」でありながら、登記原因を「売買」とすることもある。

　特徴としては、①譲渡担保というのは、担保といいながら、売買という所有権移転形式を採ること、②飽くまで担保であるので、消費貸借契約が併存しており、債務を弁済すれば、所有権は戻ること、である。

　質権や抵当権がありながら、譲渡担保が利用されているのは、質権では質権者による担保目的物の占有継続が要件となっている（民法344条）が、債権者としては優先弁済権が認められれば足りること、抵当権は担保目的物が不動産に限定されている上に、抵当権を実行するには裁判所に申立てをする必要があり煩雑であることなどの不都合があるからである。

　譲渡担保は、担保目的物の利用を設定者に委ね、不動産のほか動産その他の財産権を目的とする担保権を求める社会のニーズが創り出したものといえる。

第4章

(2)　法律構成

　前述のとおり、譲渡担保の場合、形式的には所有権が移転しているが、実質的に担保であるため、法律構成をめぐって、大別すると、次の二つの見解が対立する。

① **所有権的構成**

　　形式的に所有権が移転していることを重視する立場

② **担保的構成**

　　実質的に担保として機能していることを重視する立場

　両説の対立については、**担保の実質を考慮し、設定者には所有権マイナス担保権が残り、譲渡担保権者には担保権が移るという構成が有力**である（担保的構成を重視した立場）。最高裁は、所有権的構成か担保的構成かという点について、一律に論じることはせず、事案に応じて使い分けているように思われる。例えば、担保的構成を採っているものとして最判昭和57年9月28日（判タ485・83）がある。これは、不動産の設定者が当該不動産を不法に占拠している者に対して起こした所有権に基づく明渡請求について、譲渡担保における所有権移転の効力は債権担保の目的を達するのに必要な範囲内においてのみ認められることを理由として、設定者による不動産明渡請求を認めている。

(3)　対抗要件

　動産譲渡担保の対抗要件は、動産の引渡し（民法178条）である。動産の引渡しは、債務者が引き続き占有していることが多く、占有改定（民法183条）（45頁参照）によるのが通常である。

　不動産譲渡担保の対抗要件は、登記である（民法177条。譲渡担保を原因とする所有権移転登記も認められている。）。

　債権譲渡担保の対抗要件は、目的債権の債務者（第三債務者）への確定日付ある証書による通知又は承諾である（この点は、「債権総論」で学ぶので、ここで理解しておく必要はない。）。

(4)　譲渡担保権の実行

抵当権の実行の場合は裁判所に競売の申立てをする必要があるが、譲渡担保権の場合は、いかに実行するかについて、次の二つの方法がある。

① **帰属清算型**

　　譲渡担保権者が目的物を適正に評価した価額と被担保債権額の差額を設定者に支払って、目的物の所有権を自己に帰属させる方法

② **処分清算型**

　　譲渡担保権者が目的物を第三者に売却し、その価額と被担保債権額の差額を設定者に支払う方法

いずれの方法とするかは当事者間の合意によることになるが、いずれにしても、**譲渡担保は実質的には担保であるから、売却代金等を被担保債権に充当した結果、余剰分が生じた場合には、譲渡担保権者は清算金を設定者に支払わなければならない**（清算義務という。）。

　事例44 について、Yが500万円の借受金債務を支払うことができない場合、1000万円の価値ある甲機械を500万円の債権をもって取り上げるのは不当である。譲渡担保権者は、設定者に対し清算金として500万円を支払う義務があり、清算金の支払と目的物の引渡しは同時履行の関係にある（最判昭46・3・25民集25・2・208）。当事者間で清算不要の特約を結んだとしても、譲渡担保制度の基本趣旨に反するものであり、民法90条により、無効であると考えられる。

(5)　譲渡担保権の受戻（うけもど）し

被担保債権の弁済期の経過後であっても、譲渡担保権者が担保権の実行を完了するまでは、設定者が被担保債権を弁済して、**目的物を取り戻すことができる**（この権利を受戻権という。）。受戻権の存続期間については、①**目的物の適正評価額と被担保債権額の差額を清算金として支払又は提供するまでの間、**②**目的物の適正評価額と被担保債権**

額の差額が発生しない場合は、その旨の通知をするまでの間、③目的物を第三者に処分するまでの間、のいずれかである（最判昭62・2・12民集41・1・67）。譲渡担保契約の目的は、債権者が目的不動産の所有権を取得すること自体にあるのではなく、当該不動産の有する金銭的価値に着目し、その価値の実現によって自己の債権の満足を得ることにあり、目的不動産の所有権取得はこのような金銭的価値の実現の手段にすぎないと考えられるからである。

(6)　優先弁済権の範囲

優先弁済権の範囲については、抵当権に関する民法375条は類推適用されず、元本、利息、遅延損害金全額について対象となる。抵当権の場合は、登記によって被担保債権額が公示されており、他の債権者は最大幾らが抵当権の対象かを把握し、次順位の抵当権を設定することが行われているが、譲渡担保権にはそのような条件がないことによる。

(7)　第三者との関係

動産であれば、通常、設定者が目的物を現実に占有しているので、設定者が第三者に売却することが考えられる。他方、不動産であれば、通常、設定者が譲渡担保権者に所有権移転登記をしているので、譲渡担保権者が第三者に売却することが考えられる。両者に分けて考えてみると、次のとおりである。

　ア　設定者側の第三者と譲渡担保権者（動産の場合）

事例45

　Aは、Xからお金を借り、XのためにAが所有する甲機械に譲渡担保権を設定した。その後、Aは、甲機械をYに売却して引き渡した。XはYに対し甲機械を引き渡すよう求めることはできるか。

　所有権的構成を採ると、甲機械の所有権は、AからXに移転しているから、AからYへの売却により、二重譲渡となる。Xは占有改定により対抗要件を備えている（45頁参照）ので、**Yが即時取得（民法192条）したかによって決まることになる。**

　担保的構成を採ると、Aは甲機械につき譲渡担保権をXに設定したことになり、Yは、Aとの売買により、譲渡担保権の負担付きの所有権を取得する。Yが**即時取得**の要件を満たすと、完全な所有権を取得する。

　なお、この場合、Yが即時取得することを防ぐために、甲機械にXが所有していることを示すネームプレートを貼っておくこともされている（X所有のネームプレートがあるのに、Yにおいて、Aが所有していると信じたとしても、民法192条にいう過失があると判断されるため。）。

　　イ　譲渡担保権者側の第三者と設定者（不動産の場合）

> ■**事例46**
>
> 　XはAのために甲土地に譲渡担保権を設定し、所有権移転登記をした。その後、Aは甲土地を自己の物としてYに売却した。甲土地の所有権がXとYのどちらに帰属するかにつき、Yへの売却がXのAに対する債務の弁済期の前と後で、どうなるか。また、Xが弁済したが、XからAへの所有権移転登記を抹消しなかったところ、AがYに売却し所有権移転登記をした場合は、どうなるか。

　　（ア）　弁済期前の第三者への譲渡

　弁済期前にAがYに甲土地を売却した場合、**所有権的構成**からは所有権はAに移転しているので、AからYへの有効な売買であり、Yは所有権を取得する。Xは弁済期までは弁済をして目的物を受け戻すことができるが、この場合は、AからXとYへの二重譲渡があった場合と同じになると考えられるので、XとYの優先関係は、**対抗関係によ**

って先に登記をした者が勝つことになる。

　担保的構成からは、**Aは、譲渡担保権しか有していないので、完全な所有権を譲渡する権限はなく、Yは譲渡担保権を取得するにすぎない。**したがって、Xは弁済期までに弁済すれば、甲土地の完全な所有権を取得できる。ただし、XからAへの所有権移転登記につき、登記原因を譲渡担保ではなく、売買にしている場合には、民法94条2項の類推適用により、Aが所有していると信じたYが所有権を取得することもあり得ると考えられる。

　　　（イ）　弁済期後の第三者への譲渡

　弁済期後の譲渡については、清算の方法ごとに分けて考えると次のとおりである。

　処分清算型では、弁済期後は債権者Aに処分権限が生じるから、第三者への譲渡とともに、受戻権は消滅すると考えられる（最判平6・2・22民集48・2・414）（118頁参照）。

　帰属清算型の場合は、清算金の支払まで受戻権は存続しているので、清算金の支払をする前に第三者に売却した場合は、どうか。前掲最判昭和62年2月12日（民集41・1・67）は、弁済期は経過したが、債権者が清算金の支払や積算金が生じない旨の通知をせず、債務者も弁済しないうちに、債権者が第三者に売却したときは、「債務者はその時点で受戻権ひいては目的不動産の所有権を終局的に失い、同時に被担保債権消滅の効果が発生するとともに、売却した時点を基準時として清算金の有無及びその額が確定されるものと解するのが相当である」と判示した。

　この結果、**清算方式を問わず、弁済期後の目的物処分は、受戻権の消滅をもたらす。**したがって、Yは有効に所有権を取得する。

　　　（ウ）　債務者が弁済した後の第三者への譲渡

　債務者（X）が弁済したが、所有権移転登記を抹消する前に、譲渡

担保権者（A）が第三者（Y）に譲渡し、所有権移転登記をした場合を考えよう。

所有権的構成からは、被担保債権を弁済したのであるから、本来所有権はAからXに復帰するが、AはYに譲渡しているので、譲渡担保権者からの二重譲渡の関係になり、第三者が所有権移転登記をしている以上、背信的悪意者でない限り、債務者（X）は所有権を第三者（Y）に対抗することはできない（最判昭62・11・12判夕655・106）。

担保的構成からは、債務者の弁済の結果、譲渡担保権者に所有権が移転しなかったことになるから、登記をXに戻さなかったことにつき**民法94条2項類推適用**が可能かにより、処理することになると考えられる。

(8)　集合物動産譲渡担保

集合物動産譲渡担保とは、例えば、商品を製造して販売しているが、在庫商品として倉庫に1000万円程度の価値のある商品を常時保管しているという場合、これらの商品を一体のものとして、譲渡担保の目的とするものである。**目的物は、製造して在庫商品に入れられることによって譲渡担保の目的となり、売却されることによって譲渡担保の目的から外れる。**担保価値のある不動産等を持たない者にとって、資金調達の観点から重要な役割を果たしている。最高裁もその有効性を認めている（最判昭54・2・15民集33・1・51）。

特定性について、最判昭和62年11月10日（民集41・8・1559）は、**構成部分の変動する集合動産であっても、その種類、所在場所及び量的範囲を指定するなどの方法によって目的物の範囲が特定されている場合には、一個の集合物として譲渡担保の目的とすることができる**として、「第1から第4までの倉庫内に存在する普通棒鋼等一切の在庫商品」という定め方を有効とした。要するに、譲渡担保が及んでいる範囲が特

定されていれば足りる。

　ア　動産の処分

> **事例47**
>
> 　Yは、ハマチなどの養殖業を営んでいたが、Aから養殖用飼料を購入するに当たり、漁場の「いけす」内にいる養殖魚全部を対象としてAのために極度額25億円の譲渡担保権を設定し、Aに対し占有改定の方法により引き渡した。ところが、Yは、通常の営業の範囲を超えて、Xに養殖ハマチ27万尾を売却し、占有改定による引渡しをした。XはYに対し養殖ハマチの現実の引渡しを求めることはできるか。
>
> 　　　　（最判平成18年7月20日（民集60・6・2499）を参考にした事例）

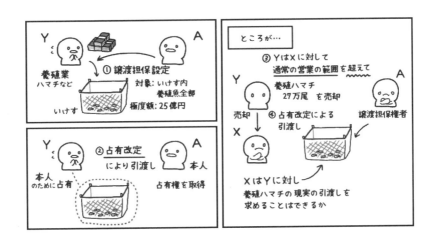

　設定者は、通常の営業の範囲内で、集合物を構成する個々の在庫商品を処分し、在庫商品を補充する義務を負う。では、設定者が通常の範囲を超えて在庫商品を処分したときは、どう考えるべきか。

　最判平成18年7月20日（民集60・6・2499）は、流動集合動産の譲渡担保の設定者が、その目的物につき、通常の営業の範囲を超える売却処分をした場合は、**権限に基づかないものである以上、譲渡担保契約に定**

められた保管場所から搬出されるなどして譲渡担保の目的である集合
物から離脱したと認められる場合でない限り、処分の相手方は目的物
の所有権を承継取得することはできない、とした。この結果、通常の
営業の範囲外であれば、いけすから養殖ハマチの搬出を受けていない
Xは、所有権を承継取得しておらず、Yに対し養殖ハマチの引渡しを
求めることはできない。

　　イ　物上代位

> **事例48**
>
> 　魚の養殖業を営むYが、養殖魚について、Xを譲渡担保権者、Yを設
> 定者とし、XのYに対する貸金債権を被担保債権とする譲渡担保権設定
> 契約を締結した。その後、養殖魚2500匹が赤潮により死滅したが、Yは、
> 損害保険に加入しており、それが支払われることになった。Xは、損害
> 保険金について物上代位権を行使することはできるか。
>
> 　　　　（最決平成22年12月2日（民集64・8・1990）を参考にした事例）

　譲渡担保権に基づく物上代位が、構成部分の変動する集合物動産譲
渡担保でも認められるかを考えてみる。

　最決平成22年12月2日（民集64・8・1990）は、「集合物譲渡担保契約は、譲渡担保の目的である動産の価値を担保として把握するものであるから、集合動産が滅失した場合に設定者に支払われる損害保険金請求権にも及ぶと解するのが相当であるが、この契約は、設定者が集合動産を販売して営業を継続することを前提とするものであるから、設定者が通常の営業を継続している場合には、集合動産の滅失により損害賠償請求権が発生したとしても、これに対して直ちに物上代位権を行使することができる旨の合意がされているなどの特段の事情がない限り、譲渡担保権者が当該請求権に対して物上代位権を行使することは許されない。」とした。**設定者が営業を継続している状態で、一部の養殖魚の滅失を補塡するための損害保険金が支払われる場合には、特段の事情がない限り、物上代位を否定した。設定者が営業を継続できることを重視したものである**（上記最高裁決定は、養殖魚の営業を廃止しており、物上代位を認めている。）。

(9)　集合債権譲渡担保

　集合債権譲渡担保とは、例えば、医師が開業するに当たって資金を銀行から借りることになったが、目ぼしい財産がない場合、将来患者を診療した場合に受ける診療報酬債権を譲渡担保の目的とする場合等である。最判平成11年1月29日（民集53・1・151）は、譲渡担保契約の締結時に債権発生の可能性が低かったことは、契約の効力を当然には左右するものではないとして、公序良俗に反するという事情がない限り、将来8年3か月間に支払を受ける各月の診療報酬債権の一定額分の譲渡担保を有効としている（民法466条の6参照）。債権が発生しなかった場合は、譲渡人（設定者）に対し契約上の責任を問えば足り、まだ発生していない債権であるとの理由で、契約の効力を否定する理由にはならないからである。

　集合債権譲渡担保の特定については、**債権者、債務者が特定され、発生原因が特定の商品についての売買取引とされた場合など、他の債権から識別できる程度に特定されている場合には、有効である**（最判平12・4・21民集54・4・1562）。

　譲渡担保権の実行は、設定者の取立権限を消滅させ、譲渡担保権者が債権者の立場で債権を取り立てるものであり、剰余が生じれば清算義務がある。

2　仮登記担保

(1)　仮登記担保とは

　仮登記担保とは、債務者所有の不動産について、代物弁済予約や停止条件付き代物弁済契約（※）を結び、債務の弁済がないと、所有権を債権者に移転させる担保である（仮登記担保契約に関する法律1条）。

> ※　代物弁済予約・停止条件付き代物弁済契約とは
> 　代物弁済は、民法482条に規定されており、債務の履行として本来の給付（例えば金銭）に代えて、他のもの（例えば不動産）を給付することにより債務を消滅させる契約です。代物弁済予約はそれを予約する契約であり、当事者が債務を履行しない場合、反対当事者が代物弁済契約を締結するという意思表示をすれば、代物弁済契約が成立するというものです。停止条件付き代物弁済契約は、本来の給付がされなかった場合には停止条件が成就して他のもの（例えば不動産の所有権）が当然に相手方に移転するという契約で、意思表示を不要としたものです（代物弁済は「債権総論」で学びます。）。

　譲渡担保があらかじめ所有権を移転する形式を採るのに対し、仮登記担保は、弁済がない場合に、所有権を移転させる形を採り、将来の所有権移転登記を保全するために、**仮登記**（民法総則28頁参照）をし

ておくものである。仮登記担保については、昭和53年に「仮登記担保契約に関する法律」（以下、「仮登記担保法」という。）が制定（昭和53年法律78号）され、抵当権に近づけた形で立法がされた。

　仮登記担保権の実行は、債務者が弁済を怠ったために、債権者（仮登記権利者）が、仮登記を本登記にして目的不動産を自己のものにすることであるが、細かな手続が仮登記担保法で定められている。

> ### 事例49
>
> 　Xは、Yに5000万円を貸し付け、Y所有の甲土地（5000万円相当）に仮登記の所有権移転登記を受けたが、Yは債務のうち3000万円を支払ったものの残2000万円の支払を怠った。Xは、仮登記に基づいて所有権を移転させようと考えているが、どうすべきか。

　Xは、Yに対し、甲土地の価格が5000万円であること、残債権額が2000万円であること、したがって、**清算金**は3000万円であることを通知しなければならない。この通知から2か月が経過して所有権移転の効果が生じる（仮登記担保法2条）。2か月は、**清算期間**と呼ばれ、この間は、Yは残債務を支払って、目的物を取り戻すことができる。

　清算期間の経過後は、土地の所有権がXに移転し、XはYに対し清算金支払義務が生じる。この場合、清算金の支払債務と所有権移転登記・引渡しとは同時履行の関係に立つ（仮登記担保法3条2項）。Yは、清算金がある場合、債務者保護の観点から、現実に清算金が支払われるまでは、残債務を支払って、甲土地を取り戻すことができる（仮登記担保法11条）（債務者のこの権利を**受戻権**という。）。

(2)　仮登記と抵当権の関係

> ### 事例50
>
> 　事例49　で、仮登記より先順位の抵当権者A（債権額1000万円）がいる場合と、後順位の抵当権者B（債権額1500万円）がいる場合で、仮登

記の実行はどうなるか。

※　下線部に注目のこと。

権利部（甲区）（所有権に関する事項）			
順位番号	登記の目的	受付年月日・受付番号	権利者その他の事項
3	所有権移転仮登記	令和4年2月1日 第20号	原因　令和4年1月25日売買予約 （又は代物弁済予約） 権利者　東京都北区赤羽北100 　　　　X

権利部（乙区）（所有権以外の権利に関する事項）			
順位番号	登記の目的	受付年月日・受付番号	権利者その他の事項
1	抵当権設定	令和3年10月1日 第100号	原因　令和3年10月1日金銭消費貸借同日設定 債権額　1000万円 債務者　東京都台東区浅草10 　　　　Y 抵当権者　東京都新宿区新宿100 　　　　A
2	抵当権設定	令和4年4月1日 第40号	原因　令和4年4月1日金銭消費貸借同日設定 債権額　1500万円 債務者　東京都台東区浅草10 　　　　Y 抵当権者　東京都中央区銀座100 　　　　B

※　上記登記記録の記入部分は見本である。

　まず、仮登記担保よりも先順位の抵当権者Aがいる場合、仮登記担保権の実行は、所有権の移転であるから、先順位の抵当権は、そのまま存続する。先順位の抵当権があるので、仮登記担保権者は、不動産の価額をその債権額を差し引いて評価する（ 事例50 では、不動産の価額を5000万円－1000万円＝4000万円とみる。）のが一般である。

　次に、Aのほか後順位の抵当権者Bがいる場合は、不動産の価額を4000万円とみて、XがYに対し支払う清算金2000万円につき物上代位の考え方を取り入れ、Bは、Yが清算金の支払を受ける前にこのうち1500万円を差し押さえて、その配当を受けることができる。このように後順位抵当権者の権利を保護するため、仮登記担保権者は、私的実行に入った旨を後順位の抵当権者に対して通知しなければならない（仮登記担保法5条1項）。後順位の抵当権者が、清算金額に不満がある場合は、清算期間内に競売の申立てをすることができる（仮登記担保法12条）。

3　所有権留保

(1)　所有権留保とは

事例51

　Xは、自動車販売業者のYから甲自動車を200万円で買うことにしたが、分割（10万円×20回）支払の契約をし、代金を支払うまでは、甲自動車の所有権はYのままとすることを合意した。ところが、Xは、100万円を支払った時点で支払えなくなった。XとYの法律関係は、どうなるか。

　所有権留保とは、自動車の割賦販売等で利用されており、買主が分割金を支払い終わるまでの間、売主が売買目的物の所有権を担保目的で留保しておくことである。この他、信販会社が売主に売買代金を立替払し、目的物の所有権を留保する「第三者所有権留保」もよく使わ

れる（以下、売主又は信販会社を「留保所有権者」という。）。

(2)　留保所有権者の地位

　留保所有権が成立すると、**売買の目的物の所有権は、買主が売買代金を支払い終わるまで、売主又は信販会社（留保所有権者）が取得**する。留保所有権者は、買主が代金を支払うことができなくなったときは、売買の目的物を買主から引き揚げ、これを処分して売買代金債権の支払に充てることができる。

　では、**留保所有権者は、所有者なのか、担保権者なのか**。譲渡担保と同様の考え方が成り立ち得るが、**基本的に所有権は売主（留保所有権者）に帰属するが、その所有権は担保目的に制限されたものであり、買主にも物権的な権利（物権的期待権）がある**と考えられる。つまり、留保所有権者は、担保目的という制限付きの所有権を取得する一方、買主も売買代金の支払を終えると、所有権を取得できるという「物権的期待権」を取得する。

　 事例51 の場合、Yは、Xの債務不履行を理由として売買契約を解除し、所有権留保の効果として、留保所有権に基づき目的物を引き揚げることができるが、清算金の支払がある場合は、目的物の返還と清算金の支払は、同時履行の関係にあると考えられる。引揚げ時の甲自動車の時価によるが、動産では使用による減価が大きく、引揚げ時の価値が残債権額を上回ることは少なく、清算義務が生じないことが多い（ 事例51 では、自動車の時価は100万円以下の場合が多い。）。

(3)　第三者に対する効力

　買主（X）は、債権額全額を支払わない限り、所有者ではなく、第三者に目的物を処分することはできない。買主が目的物を処分した場合、転売先に目的物の即時取得（民法192条）が成立すれば、留保所有権者は留保所有権を失う。

事例52

　X（ディーラー。メーカーから自動車を仕入れて販売する事業者）は、A（サブディーラー。ディーラーから自動車を仕入れてユーザーに転売して利益を得る事業者）に対し、甲自動車を代金支払までの所有権留保を付けて売った。Aは、Yに対し、転売して引き渡した。Yは代金全額をAに支払ったが、Aは、お金がなくなり、Xに代金を支払えなくなった。Xは、甲自動車の所有権に基づき、Yに対し甲自動車の引渡しを求めた。Yは、引き渡さなければならないか。

（最判昭和50年2月28日（民集29・2・193）を参考にした事例）

　Yは、甲自動車に所有権留保が付されていることを知っており、即時取得は認められない。そうすると、Xに対し甲自動車を引き渡さなければならないようにみえる。しかし、Yは自動車代金全額をAに支払っているのに対し、XはAらのサブディーラーを使って利益を得ており、Aが代金を支払えないというリスクはXが負うのが本来であろう。そこで、最判昭和50年2月28日（民集29・2・193）は、Xが所有権に基づいて甲自動車の引渡しを求めることは権利の濫用に当たるとした。

事例53

　Aは、自動車販売店から甲自動車を買ったが、代金はY信販会社が自動車販売店に立替払をし、Aは分割でY信販会社に支払うことにし、完済まで所有権はY信販会社に留保されていた。Aは、Xの所有する乙土地をXから賃借し、駐車場として甲自動車を置いていた。ところが、Aは、Y信販会社に対し分割払をせず、乙土地の賃料もXに支払わなくなったので、Xは、乙土地の賃貸借契約を解除し、Y信販会社に対し甲自動車を乙土地から撤去するよう求めた。Y信販会社は撤去義務を負うか。

（最判平成21年3月10日（民集63・3・385）を参考にした事例）

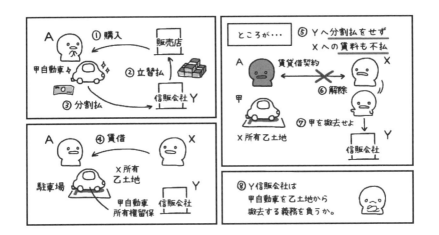

　最判平成21年3月10日（民集63・3・385）は、AのY信販会社に対する立
替金債務の弁済期が経過したのに支払がない場合、Y信販会社は甲自
動車を占有し、処分する権原を有するから、甲自動車の撤去義務を免
れない、とした。弁済期前は、基本的に売主（ 事例53 では、Y信販
会社）に所有権が属するといえるが、飽くまで使用権限は買主Aが有
するのであり、甲自動車がX所有の土地上に放置され、その土地利用
を妨害していても、Y信販会社は撤去義務を負わないと考えられる。
これに対し、弁済期が経過したのに支払がない場合、Y信販会社は甲
自動車を引き揚げて処分する権原を有するので、その責任は免れない
ものと考えられる。留保所有権者は、弁済期が到来するまでは、甲自
動車の交換価値を把握するにとどまるが、弁済期の経過後は、甲自動
車を占有、処分することができるので、第三者との関係でも一定の責
任を負うと考えられるからである。

(4)　留保所有権の実行

　留保所有権者が買主から目的物を引き揚げ、これを換価処分して未
払の分割金債権に充当する。

4　代理受領・振込指定

> **事例54**
>
> 　金融機関Xに銀行口座を有するAは、Xから融資を受けるに当たり、これといった担保がなかったが、Xの担当者から、「AはYから工事を請け負っており、将来受領する請負代金債権につきXに代理受領権を与えるように」と言われた。代理受領って何だろうか。

　代理受領は、債権者Xが債務者Aに対する債権を回収するため、Aの債務者（第三債務者（※））Yに対する債権について、XがAから取立委任を受け、取立金をもってXのAに対する債権の弁済に充てるものであり、これをもってXのAに対する債権を担保するものである。　**事例54**　では、XのAに対する融資金の担保として代理受領という方法がある。

　振込指定は、第三債務者Yが債務者Aに対する債務の弁済を、AがX銀行に開設しているAの預金口座への振込を指定することである。その銀行口座に振り込まれた預金をもって、X銀行がAに対して有する債権と相殺することにより、債権の回収を図るものである。

　代理受領の場合、発注者（Y）の承諾を得ていたが、請負代金が直接請負人（A）に支払われた場合、金融機関（X）は請負人との間の取立委任契約に基づき請負代金の取立権能を取得したにすぎず、債権そのものは請負人に属し、発注者が請負代金を直接金融機関に支払うべき債務を負担したと解することはできないが、発注者は、担保の事実を知って代理受領を承認したのに、その趣旨に反して請負人に債務を弁済した場合には、発注者は金融機関に対し不法行為責任を負う（最判昭44・3・4民集23・3・561、最判昭61・11・20判夕629・134）。

　振込指定の場合も、X、A、Y間で、工事請負代金をYがAのX銀

行の口座に振り込むという合意が成立していた場合には、Yが振込の
方法によらずにAに直接支払った場合には、XはYに対し不法行為責
任を追及できると考えられる。

> ※　第三債務者とは
> 　債務者の債務者のことを第三債務者といいます。例えば、XがAに対
> し債権を有し、AがYに対し債権を有していた場合、Yは、Xの債務者
> であるAの債務者ですから、第三債務者になります。

第５章　まとめ

1　担保物権の目的

　債権者は、裁判により債務者に対して支払を命じる判決を得て、これに基づき債務者の財産に強制執行をしても、その強制執行に参加した他の債権者と債権額に応じて弁済を受けることになる（**債権者平等の原則**）。したがって、債務者の財産が債権総額よりも少ない場合、自己の債権額が全額回収できない可能性がある。債務者に保証人を付けても、その債務者の資力がなくなれば、回収することができない。

　そこで、債権者としては、財産のある者に対しては、その財産を担保として金銭を貸し付けるなどの方法を考えることになる。これまで述べた担保物権は、そのためのものである。

2　担保物権の種類

　民法が規定している担保物権は、**留置権**（民法295〜302条）、**先取特権**（さきどりとっけん（民法303〜341条）。重要性に劣るので、本書では省略した（※）。）、**質権**（民法342〜366条）、**抵当権**（民法369〜398条の22）の4種類である（これらは、民法典に規定があるので、**典型担保**という。）。

> 【典型担保】
> ・留置権、先取特権→法定担保物権（法律の規定に基づいて成立）
> ・質権、抵当権　　→約定担保物権（当事者の意思表示の合致により成立）

第5章

> ※　先取特権とは
>
> 　省略しましたが、「先取特権って何だろう」と思う人のために、ごく簡単に。一般先取特権として、例えば、雇用関係にある労働者の賃金などは、他の債権者に優先して支払を受けることができます。動産の先取特権として、例えば、動産の売買に関する代金について、その動産から他の債権者に優先して弁済を受けることができます。先取特権は、このように、社会政策的配慮に基づくもの、実質的公平の観点から特定の債権者の保護を図るものなど、種類も多くあります。これらの先取特権は、契約に基づかずに、法律によって発生するものです。

　上記のとおり、**留置権と先取特権は、法律の規定に基づいて成立するのに対し、質権と抵当権は、当事者の意思表示の合致により成立する。**

　他に、民法典に規定されていないが、担保として利用されているものとして、**仮登記担保**（仮登記担保契約に関する法律）の他、全く規定がないものとして、**譲渡担保、所有権留保**などがある（これらは、民法典に規定がないので、**非典型担保**という。）。

> 【非典型担保】
> ・仮登記担保
> ・譲渡担保 ── 通常の譲渡担保
> 　　　　　　├ 集合物動産譲渡担保
> 　　　　　　└ 集合債権譲渡担保
> ・所有権留保

　なお、他に、担保的機能を有するものとして、相殺（民法505条〜512条の2）や代理受領、振込指定等がある。

3 担保物権の性質

担保物権は、おおむね次の四つの性質を有している。

① **不可分性**

担保物権は、被担保債権全額の弁済があるまで、担保目的物全部の上にその効力が及ぶ（民法296条・305条・350条・372条）。つまり、被担保債権の一部につき弁済を受けても、残額がある限り、目的物全体について担保物権の効力が及ぶ。

② **付従性**

担保物権は、被担保債権を担保するのが目的であるから、被担保債権が存在しなければ担保物権は成立せず（**成立における付従性**）、被担保債権が弁済等により消滅すれば、担保物権も消滅する（**消滅における付従性**）。

③ **随伴性**

被担保債権の譲渡など、債権者が交代すると、抵当権も随伴して移転する。ただし、確定前の根抵当権など随伴しないものもある（民法398条の7）。

④ **物上代位性**

先取特権、質権、抵当権は、担保の目的物の売却、賃貸、滅失又は損傷によって、債務者が受けるべき売却代金、賃貸料、保険金などの金銭に対して担保権を行使できる（民法304条・350条・372条）。**担保物権は物の交換価値から優先弁済を受ける権利であるから、変形物**（目的物から派生した物や目的物に代わる物）**に対して担保権の効力が及ぶ。**留置権には優先弁済的効力がなく、物上代位性を有しない。

4　担保物権の効力

(1)　優先弁済的効力

　担保物権は、債権者平等の原則を破って、他の債権者に優先して弁済を受けることができる。**留置権以外の担保物権で最も重要な効力である。**

(2)　留置的効力

　被担保債権が弁済されるまで、担保の目的物を債権者が債務者から取り上げて、留置（占有）し、債務者に心理的圧力を加えて、債務者に間接的に履行を促す効力である。担保目的物を占有する**留置権や一部の質権**で認められている。

付　録　定期試験について

140

定期試験について

　法学部における定期試験は、大別すると、事例問題（本文中の各 **事例** のような問題）と説明問題（「～について論ぜよ」）というような問題に分かれる。

　以下、事例問題を二つ、説明問題を一つ、解答例とともに示したので、答案の書き方の一つの参考にしていただければと思う。

設題1

　Aは甲・乙土地を所有している。甲土地と乙土地は互いに隣接しているが、両土地の境界については明確ではなかったものの、いずれもAが所有していたので、問題は生じなかった。

　Aは、2004年又は2010年に甲土地をXに売却したが、税務処理の都合上、所有権移転登記をしないことにし、Xの了解を得た。Aは、2015年に乙土地をYに売却し、こちらについては所有権移転登記をした。

　甲・乙土地の境界については争いがあり、Xはa、b点を結んだ直線より西が甲土地であると主張し、Yはc、d点を結んだ直線より東が乙土地であると主張している（下図参照。争いがある土地を「本件係争地」という。）。

　次の各場合につき、本件係争地の所有権は、XとYのいずれに属するか。AがXに甲土地を売却した年につき2004年と2010年の両場合があることを前提とし、X又はYは、短期時効取得の要件（民法162条2項）のうち時効期間以外の要件を満たしているものとして検討されたい。なお、現在は2023年とする。

　（1）　本件係争地が甲土地に属するが、Yが乙土地を所有して以降本件係争地を占有している場合

　（2）　本件係争地が乙土地に属するが、Xが甲土地を所有して以降本件係争地を占有している場合

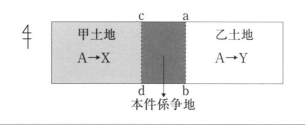

解答例

　(1)　まず、本件係争地が甲土地に含まれる場合について検討する。この場合には、本件係争地を所有するのはXであるといえる。なぜなら、乙土地を買い受けたYは、本件係争地が乙土地に含まれると考えており、その点につき過失がなくとも、時効期間（10年）に必要な占有はなく、本件係争地の所有権を取得することはないからである。Xは、甲土地につき所有権移転登記をしていないが、本件係争地をYが所有したことはないのであるから、Yとの間で対抗関係にはなく、Xは本件係争地の所有権を登記なくして主張できる。したがって、Xが甲土地を取得した時期が2004年か2010年かにかかわらず、本件係争地の所有権はXに属する。

　(2)　次に、本件係争地が乙土地に属する場合について、検討する。

　　ア　Xが2010年に甲土地を取得した場合

　Xは、本件係争地につき、占有開始時から10年が経過した時点（2020年）で、時効完成により所有権を取得する。その時の本件係争地の所有者はYであるから、Xが取得時効したことにより、Yは所有権を失う。時効完成前の第三者であるYは所有権を有していたが、Xが取得時効した結果、Yは反射的に所有権を失うと考えられるからである。

　　したがって、Xが2010年に甲土地を取得した場合、本件係争地の所有権を主張できるのは、Xである。

　　イ　Xが2004年に甲土地を取得した場合

　Xは、本件係争地につき、占有開始から10年の経過（2014年）により時効完成により所有権を取得しているが、その後に、YがAからの売買

により本件係争地を取得している。そうすると、AからX、AからYへの二重売買が行われたのと同じような関係に立ち、民法177条の適用があり、登記を先に備えた者が、背信的悪意者でない限り、勝つことになる。なぜなら、Xは、時効完成により取得時効を原因とする所有権移転登記をすることが可能であり、時効完成後の第三者（Y）との関係では対抗関係になると考えられるからである。

　（これについては、善意占有者（自分が所有者だと認識している者）は、時効の完成を意識しないのが通常であろうから、登記を要求するのは酷であるというなどという批判もあるが、占有者は、取得時効が完成すれば所有者となって登記を備えることができるのであるから、第三者の信頼や取引の安全のために、登記をしないために保護されないこともやむを得ないということができる。）

　そうすると、Xの時効完成後に所有権移転登記をしたYが本件係争地の所有権を取得する。したがって、Xが2004年に甲土地を取得した場合、本件係争地の所有権を主張できるのは、Yである。

　事例問題であり、(1)は異論のないところをまとめることになる。(2)は、争いがあるところにつき、結論と理由を書く。 解答例 では、2010年の方が、問題が少ないので先に書いたが、2004年から順に書くという方法もある。 解答例 では、反対説に対する反論を記載した（ 解答例 のカッコ部分）が、必ず書く必要がある部分ではない。問題提起→自説の考え→その理由→結論という流れ（ 解答例 (2)イ参照）を押さえることが大切である。

設題2

　書店を経営していたAは、自己の銀行預金で甲土地を買い受け、所有権移転登記を受けた。Aは、Aの子であるXに対し、「甲土地上に建物を

建てて住むとよい」と助言した。Xは、手持ちの資金で、甲土地上に乙
建物を建築して自己のために所有権保存登記をした。AとXは、親子で
あり、土地の利用権について取り決め等をしたことはなかった。その後、
Aは、書店の経営が苦しくなり始め、B銀行から資金を借り入れて、甲
土地につきB銀行のために抵当権を設定し、その旨の登記をした。さら
にしばらくして、AはXに甲土地を贈与し、所有権移転登記をした。

　その後、次の(1)又は(2)の経緯をたどった場合、XはYに対し乙建物
につき法定地上権を主張できるかについて、解答されたい。

　(1)　Aは、その後、書店の経営がうまくいかず、B銀行に支払をする
ことができなくなり、B銀行の申立てにより、甲土地は競売に付され、
Yが競売手続で買い受けた。

　(2)　Aは、その後、書店の経営がうまくいかず、Xに頼んで、C信用
金庫からお金を借りてもらい、Xは甲土地にC信用金庫のために2番抵
当権を設定した。書店経営は一旦うまく行き、B銀行に全額弁済したが、
その後再び経営は悪化した。その頃、Xも失業し、A、XともC信用金
庫に対して返済する資力はなくなった。C信用金庫の申立てにより、甲
土地は競売に付され、Yが競売手続で買い受けた。

解答例

1　(1)について

　抵当権設定当時、甲土地をAが、乙建物をXが所有していたが、甲土
地に抵当権が設定された後に、甲土地がXに贈与され、甲土地、乙建物
とも、Xの所有となっている。このような場合、法定地上権を認めるこ
とはできるだろうか。

　抵当権設定当時、土地と建物が別人に帰属していた場合、抵当権設定
後に同一人に帰属しても法定地上権を認めることはできないと考えるべ
きである。なぜなら、抵当権者は、法定地上権の負担のないものとして、
土地の担保価値を把握しているのであるから、後に土地と建物が同一人
に帰属した場合に法定地上権の成立を認めると、抵当権者が把握した担
保価値を損なうことになるからである。

　本問のように、土地の所有者と建物の所有者との間に親子関係があったとしても、異なる所有者に属する以上、法定地上権を認めることはできない。なぜなら、親子間であっても、土地の利用権を設定することは可能であって、考慮されるべき人間関係が一義的に決まるものでもなく、親子であることを法定地上権の成否の判断に当たって考慮することは相当でないからである。

　したがって、ＸはＹに対し乙建物につき法定地上権を主張することはできない。

２　(2)について

　1番抵当権が設定された当時、甲土地をＡが、乙建物をＸが所有していたが、2番抵当権が設定された当時は、甲土地、乙建物ともＸが所有していた。1番抵当権が消滅した後に、2番抵当権者により競売に付された場合、法定地上権は成立するだろうか。

　法定地上権は、競売によって消滅する抵当権のうち最先順位の抵当権の設定時を基準とすべきであり、本問では2番抵当権が基準となると考える。なぜなら、2番抵当権者としては、1番抵当権が被担保債権の弁済等により消滅することもあることを予測した上で、その場合の順位上昇の利益と法定地上権成立の不利益とを考慮して担保余力を把握すべきであり、法定地上権の成立を認めても2番抵当権者に不測の損害を与えるものではないこと、法定地上権の成否の判断に当たり、既に抹消された1番抵当権を考慮すべきこととすると、1番抵当権設定当時の土地・建物の権利関係を調査しなければならないが、その作業が困難であることなどからである。

　したがって、本問では、法定地上権の成立につき2番抵当権の設定時を基準とすべきであり、その時点では、甲土地・乙建物ともＸが所有していたのであるから、ＸはＹに対して乙建物につき法定地上権を主張することができる。

　法定地上権はややこしいが、土地に抵当権が設定される場合、基本的な考え方は、①抵当権者が土地の評価をするときに、法定地上権の負担を前提としたか、②土地を競売で買った買受人の立場から法定地上権の負担を課すことが相当か、という観点から考えることである。

設題3

　公示の原則と公信の原則について説明せよ。

解答例

　物権変動につき、外部から認識できる状態にしなければ、第三者が不測の損害を被る可能性がある。そこで、民法は、登記や引渡しなど外部から認識できるような公示方法を定め、公示しなければ第三者に対抗することができないとした。これを「公示の原則」という。公示の方法としては、不動産について登記、動産については引渡しとなっている（民法177条・178条）。

　他方、「公信の原則」とは、真の権利関係と異なる公示がされている場合に、公示を信頼して取引をした者に対し、公示のとおりの権利状態があったものとして保護することをいう。

　不動産については、登記に公信力を認めていない。つまり、不動産には公信の原則の適用はなく、不動産取引をしようとする者は、登記だけを頼りにしてはだめで、現実の権利関係を調べる必要がある。これは、不動産は、重要な財産であり、権利者から安易に権利を奪うことは相当ではなく、取引をしようとする者はそれだけ慎重に調査すべきである、という考えに基づく。（※1）ただし、権利者が不実の登記がされていることを知ったが、そのまま放置してそれを利用した場合など、権利者にも帰責事由がある場合には、民法94条2項の類推適用により、登記を信頼して取引をした者が所有権を取得することもある。

　これに対し、動産は、無権利者から目的物の引渡しを受けた場合には、譲受人が、無権利者を権利者と信じ、かつ、信じたことに過失がない場合には、その権利取得を認めている（民法192条）。これは、動産は、日常極めて頻繁に取引がされることから、権利者であるかを調査する義務を課すと、取引社会が成り立たないからである。（※2）また、動産については、簡易の引渡し、占有改定、指図による占有移転も公示手段として

認めており（民法182～184条）、こうした観念的な占有移転では、誰が権利者かにつき外部から認識できない場合がある。このように、動産については、たとえ真実の権利関係と一致しない公示であっても、それを信頼して取引をした者を保護する公信の原則が採用されている（民法192条の過失の判断に当たっても、高度な調査義務があるわけではない。）。

　以上のとおり、不動産については、公信の原則の適用はなく（民法94条2項の類推適用で補っている。）、動産については公信の原則の適用が認められている。

　上記の 解答例 では、具体例を挙げなかったが、書くことがなければ、具体例を挙げて説明するとよい。例えば、※1の個所に、「例えば、第三者が登記申請書類を偽造して他人の不動産を自己名義に変更した上で売った場合、売主（第三者）は無権利者であり、買主は所有権を取得しない。登記官は、真実登記が実態に合っているかの調査・判断をする権限はなく（形式審査主義）、登記の真実性を確保する仕組みが不十分なためである。」というのを入れることや、※2の個所に、「例えば、YがXから少額の動産を買うときに、果たしてその動産をXが所有しているかにつき調査を求めることは現実的ではない。」というのを入れることなどが考えられる。

　要するに、公示の原則と公信の原則を理解してそれを記載した上で、不動産については公信の原則適用がないこととその理由を、動産については公信の原則が適用されることとその理由を書くことが大切である。

コラム　この本を手に取ったあなたへ

弁護士　夏目麻央

　この本を手に取っているあなたは、法学部に入学し、司法試験をこれから目指す人でしょうか。あるいは、この本はいわゆる入門書ですから、これから何か一歩を踏み出してみようと、この本を手に取った方が多いのかもしれません。

　私も、法律の勉強を始めたころ、専門用語も多くとっつきにくい法律に何とかしがみつくために、法律に関する漫画本や、ごくごく簡単な言葉で書かれた入門書などにはお世話になりました。

　弁護士は専門職です。自分がこれまで一生懸命勉強してきた法律の知識を使って、社会的正義や人権保障の実現を目指して、そのことで自分の生計を立てる仕事です。

　まず、法律の知識をしっかりと身に付けることがとても大切です。社会の中で誰かの役に立つ道を志して、法律の知識を何とか自分のものにしようと、この本を手に取ったあなたの第一歩に敬意を表したいと思います。

　弁護士は、人が人生で辛い思いをした時の行く先であることが多いです。知識だけではなく、人をしっかり支えられる優しさと強さも持っていてほしいと願います。大学生活では、法律の勉強以外にもたくさんのことを学んでください。私は、回り道をして他の職業を経験したり、辛い経験をしたりしたことも、今の仕事にとても役立っていると実感しています。

　興味のあることには臆さずチャレンジをしてください。将来にわたって、仕事やプライベートの面でも支え合える自分が信頼できる良き人間関係を大切に育んでください。生きていく中で結局無駄になる時間も状況もないと思います。疲れたら休むその時間も、悶々と過ごして何もできなかった今日も、次につながる糧になりますから、辛いときこそ自分を大切にゆっくりしてください。

　法律の勉強は、楽しいですか？

　私が法律の勉強を始めたころ、初めのうちはこれまで知ることのなかった理論などを知り楽しい気持ちがありました。でも、だんだん、やるべき範囲の多さが見え、理解が難しいことが増え、辛いと思うことが多くなってきた気がします。みなさんも、いつか、法律の勉強にうんざりする日も来るかもしれません（早ければこの本の途中でさえ、うんざりするかもしれません。）。

　何かを目指しても、夢見た仕事に手が届かないと思うこともあるかもしれないし、自分の目指すべきはこれではないと気付くことがあるかもしれません。どんなに頑張っていても、やむを得ない個人的な事情で、夢を断念することを考えなければならない状況に追い込まれることもあります。それどころか正に今、社会は、これまで想像もしなかった新型コロナウイルス等の新たな脅威と直面し、個人の事情とは関係なく、これまでの価値観やスタイルが大きく変わりつつあります。

　自分の人生で、目指すべき道をすんなり見つけてあっさり実現することは簡単ではありません。ただひとついえることは、あなたがこれまで歩いてきた道で見たもの、学んだものは全て生きる力になります。

　今日、この本を手に取ったあなたは、何かをはじめようという気持ちを抱いた前向きなあなたです。今後困難に直面したときに、どうか今日のあなたの気持ちを思い出してください。

索　引

152

事 項 索 引

【い】

ページ

遺産分割 23,29
 ——と登記 24
遺産分割協議
 ——後の第三者 26
 ——前の第三者 24
意思主義 11
異時配当 99,101
一物一権主義 3
一括競売権 92
入会権 62

【う】

受戻権 118,127

【え】

永小作権 62

【か】

解除後の第三者 22
解除前の第三者 21
仮差押え 27
仮登記担保 126,129
 136

仮登記と抵当権の関係 127
簡易の引渡し 111
慣習法 4
元本の確定 109

【き】

帰属清算型 118,121
求償権 104
協議分割 60
共同担保目録 97
共同抵当 97
共有 58
共有者 58
共有物
 ——の管理 58
 ——の変更 58
 ——の保存 58
極度額 108
金銭 45

【く】

区分所有
 建物の—— 60
区分所有権 61
区分所有者 61

【け】

契約解除	21
原始取得	11, 49
原質権	112
権利質	110
権利推定力	15
権利保護（資格）要件	
——としての不動産登記	22

【こ】

行為請求権説	9
公示の原則	13
後順位抵当権	74
後順位抵当権者	77
公信の原則	13
更正登記	24
公平の理念	68

【さ】

債権	
物権と——	3
債権者平等の原則	135
裁判分割	60
債務者	
——が弁済した後の第三者	
への譲渡	121
——による弁済	106

債務者所有不動産	
——と物上保証人所有不動	
産	101
複数の——	98
先取特権	135, 136
	137
差押え	27
指図による占有移転	48

【し】

時効完成	29, 30
	32
時効取得	
地役権の——	62
時効消滅	
被担保債権・抵当権の——	107
時効の起算日	33
質権	110, 135
	137
——の効力	111
——の対抗要件	111
質権設定契約	111
自由競争	39
集合債権譲渡担保	125
集合物動産譲渡担保	122, 124
従物	7, 80
不動産の——である動産	44
主張立証	33
取得時効	
——と登記	29
目的物の——	107
主物	7

順位上昇の原則	76
承役地	62
承継取得	11
譲渡担保	115,122
	136
譲渡担保権	118
——に基づく物上代位	124
——の受戻し	118
譲渡担保権者	116
設定者側の第三者と——	119
譲渡担保権者側の第三者	
——と設定者	120
譲渡担保権設定者	116
消滅における付従性	137
処分清算型	118,121
所有権	5,53,56
所有権的構成	117,120
	122
所有権留保	129,136
自力救済の禁止	55
人的担保	67

【す】

随伴性	137

【せ】

制限物権	5
清算期間	127
清算義務	118

成立における付従性	137
設定者	
譲渡担保権者側の第三者と	
——	120
設定者側の第三者	
——と譲渡担保権者	119
先順位抵当権	73
占有	
——の訴え	54
——を始めた	48
占有移転	111
指図による——	48
占有回収の訴え	54,111
占有改定	48
——による引渡し	111
占有権	5,50
——の効力	53
占有取得	48
——の態様	49
占有代理人	52
占有保持の訴え	54
占有補助者	52
占有保全の訴え	54
占有屋	95

【そ】

相殺	136
相続と登記	22
相続放棄と登記	28
相隣関係	56

即時取得　　47,111
　　　　　　　120,130
　　——の効果　　49
　　動産の——　　46

【た】

代位登記　　28
代価弁済　　107
対抗要件
　　質権の——　　111
　　動産譲渡担保の——　　117
　　不動産譲渡担保の——　　117
対抗力　　15
第三債務者　　134
第三者　　130
　　——への対抗要件　　45
　　遺産分割協議後の——　　26
　　遺産分割協議前の——　　24
　　解除後の——　　22
　　解除前の——　　21
　　取消し後の——　　19
　　取消し前の——　　18
　　民法177条の——の範囲　　37
第三者所有権留保　　129
第三者への譲渡
　　債務者が弁済した後の——　　121
　　弁済期後の——　　121
　　弁済期前の——　　120
第三取得者　　75
代物弁済　　126

代物弁済予約　　126
代理受領　　133,136
代理占有　　52
建物　　6
　　——の区分所有　　60
　　——の賃貸借　　51
建物共有　　91
他人の物　　69
担保　　67
担保的構成　　117,120
　　　　　　　121,122
担保物権　　5
　　——の効力　　138
　　——の種類　　135
　　——の性質　　137
　　——の目的　　135
担保不動産収益執行　　79

【ち】

地役権　　62
　　——の時効取得　　62
地上権　　62
中間省略登記　　16
賃借権　　81
　　抵当権と——の関係　　81
賃借人
　　抵当不動産と——　　81
賃貸借
　　建物の——　　51

【つ】

通行
　自動車による―― 　56
強い付合 　57

【て】

停止条件付き代物弁済契約 　126
定着物 　5
抵当権 　72,74
　　　　　　135,137
　――と賃借権の関係 　81
　――の効力の及ぶ範囲 　80
　――の時効消滅 　107
　――の順位の譲渡・放棄 　96
　――の順位の変更 　96
　――の譲渡・放棄 　96
　――の消滅 　106
　――の処分 　95
　――の侵害 　93
　――の被担保債権の範囲 　76
　仮登記と――の関係 　127
抵当権消滅請求 　108
抵当権設定契約 　75
抵当権設定登記 　76
抵当不動産 　93
　――と賃借人 　81
典型担保 　135
転質 　112
転質権 　112

転々譲渡の前々主 　38
転得者
　背信的悪意者からの―― 　41

【と】

登記 　14,117
　遺産分割と―― 　24
　取得時効と―― 　29
　相続と―― 　22
　相続放棄と―― 　28
　取消しと―― 　18
　法定解除と―― 　21
登記費用 　77
動産 　7,44,47
　――の譲渡 　45
　――の即時取得 　46
　――の引渡し 　117
　――の物権変動 　44
　取引行為による――の取得 　48
　不動産と――の違い 　7
　不動産の従物である―― 　44
動産質 　110
動産譲渡担保の対抗要件 　117
同時配当 　99,100
同時履行の抗弁権 　17,68
　――と留置権 　68
特定性 　122
特定物 　12
土地共有 　91

取消し
　　——後の第三者　　　　　　　　19
　　——と登記　　　　　　　　　　18
　　——前の第三者　　　　　　　　18
取引行為　　　　　　　　　　　　111
　　——による動産の取得　　　　　48

【に】

二重譲渡　　　　　　　　120, 122
忍容請求権説　　　　　　　　　　10

【ね】

根抵当権　　　　　　　　　　　108
　　確定前の——　　　　　　　　137

【は】

背信的悪意者　　　　　　　　　　38
　　——からの転得者　　　　　　　41

【ひ】

引渡し　　　　　　　　　　14, 44
　　　　　　　　　　　　　45, 111
　　簡易の——　　　　　　　　　111
　　現実の——　　　　　　　　　111
　　占有改定による——　　　　　111
　　動産の——　　　　　　　　　117

被担保債権
　　——の時効消滅　　　　　　　107
　　——の譲渡　　　　　　　　　137
　　抵当権の——の範囲　　　　　76
非典型担保　　　　　　　　115, 136

【ふ】

付加一体物　　　　　　　　　　　80
不可分性　　　　　　　　　　69, 75
　　　　　　　　　　　　　　　137
袋地　　　　　　　　　　　　　　56
付従性　　　　　　　　　　　75, 137
　　消滅における——　　　　　　137
　　成立における——　　　　　　137
復帰的物権変動　　　　　　　　　20
物権
　　——と債権　　　　　　　　　　3
　　——の効力　　　　　　　　　　7
　　——の種類　　　　　　　　　　5
　　——の排他性　　　　　　　　　3
物権的期待権　　　　　　　　　130
物権的請求権　　　　　　　　　　7
物権変動　　　　　　　　　　　　11
　　——の時期　　　　　　　　　11
　　動産の——　　　　　　　　　44
　　不動産の——　　　　　　　　18
　　民法177条が適用される——　37
物権法定主義　　　　　　　　　　4
物上代位　　　　　　　　　　77, 124
　　譲渡担保権に基づく——　　　124

物上代位性 137
物上保証人 75, 101
物上保証人所有不動産
　債務者所有不動産と—— 101
　複数の—— 105
物的担保 67
不動産 5
　——と動産の違い 7
　——の価値の変動 98
　——の従物である動産 44
　——の付合 57
　——の物権変動 18
不動産質 110
不動産譲渡担保の対抗要件 117
不動産登記 15
　——の効力 15
　——の有効要件 16
　権利保護（資格）要件とし
　　ての—— 22
不動産登記法5条に該当する者 38
不当利得 82
不特定物 12
不法行為責任 133, 134
不法占有者 37
振込指定 133, 136
分割請求 60

【へ】

返還請求権 8
変形物 137

弁済期後
　——の第三者への譲渡 121
　——の目的物処分 121
弁済期前
　——の第三者への譲渡 120

【ほ】

妨害排除請求権 8, 94
妨害予防請求権 8
法定解除と登記 21
法定地上権 83
　——の内容 92

【み】

民法94条2項類推適用 122
民法177条
　——が適用される物権変動 37
　——の第三者の範囲 37

【む】

無効登記の流用 77

【め】

明認方法 6

【も】

黙示の合意	12
目的物の取得時効	107
物の所持	51

【ゆ】

優先弁済権	75
——の範囲	119
優先弁済的効力	69,110
	137,138
優先弁済を受ける地位	95

【よ】

要役地	62
用益物権	5,62
弱い付合	57

【り】

流質	112
留置権	67,135
	137,138
——の効力	68
——の成立	69
留置的効力	68,110
	138
立木	6

留保所有権	132
留保所有権者	130,132
隣地通行権	56

判例年次索引

月日	裁判所名	出典等	ページ
【明治41年】			
12.15	大 審 院	民録14・1276	27,37,38
12.15	大 審 院	民録14・1301	37
【大正9年】			
2.19	大 審 院	民録26・142	6
【昭和4年】			
1.30	大 審 院	新聞2945・12	102
【昭和7年】			
5.18	大 審 院	民集11・1963	48
【昭和17年】			
9.30	大 審 院	民集21・911	19,20
【昭和25年】			
12.19	最 高 裁	民集4・12・660	37
【昭和29年】			
1.28	最 高 裁	民集8・1・276	16
12.23	最 高 裁	民集8・12・2235	91
【昭和30年】			
12.26	最 高 裁	民集9・14・2097	62
【昭和31年】			
4.24	最 高 裁	民集10・4・417	39
【昭和32年】			
12.27	最 高 裁	民集11・14・2485	48
【昭和33年】			
2.14	最 高 裁	民集12・2・268	62
6.14	最 高 裁	民集12・9・1449	21
6.20	最 高 裁	民集12・10・1585	12
8.28	最 高 裁	民集12・12・1936	31
【昭和35年】			
2.11	最 高 裁	民集14・2・168	48
3. 1	最 高 裁	民集14・3・307	6
3. 1	最 高 裁	民集14・3・327	53
3.31	最 高 裁	民集14・4・663	40
6.24	最 高 裁	民集14・8・1528	12
7.27	最 高 裁	民集14・10・1871	33
11.29	最 高 裁	民集14・13・2869	22

月日	裁判所名	出典等	ページ
【昭和36年】			
2.10	最 高 裁	民集15・2・219	86
4.27	最 高 裁	民集15・4・901	40
5. 4	最 高 裁	民集15・5・1253	6
7.20	最 高 裁	民集15・7・1903	32
【昭和38年】			
2.22	最 高 裁	民集17・1・235	24
【昭和39年】			
1.24	最 高 裁	判タ160・66	45
3. 6	最 高 裁	民集18・3・437	27
【昭和40年】			
9.21	最 高 裁	民集19・6・1560	17
12. 7	最 高 裁	民集19・9・2101	55
12.21	最 高 裁	民集19・9・2221	39
【昭和41年】			
3. 3	最 高 裁	民集20・3・386	71
11.22	最 高 裁	民集20・9・1901	30
【昭和43年】			
8. 2	最 高 裁	民集22・8・1571	39,40
11.15	最 高 裁	民集22・12・2671	40
11.19	最 高 裁	民集22・12・2692	38

月日	裁判所名	出典等	ページ
【昭和44年】			
3. 4	最 高 裁	民集23・3・561	133
3.28	最 高 裁	民集23・3・699	80
4.25	最 高 裁	民集23・4・904	40
5. 2	最 高 裁	民集23・6・951	17
7. 3	最 高 裁	民集23・8・1297	101,103
【昭和45年】			
12. 4	最 高 裁	民集24・13・1987	47
【昭和46年】			
1.26	最 高 裁	民集25・1・90	25,27,29
3.25	最 高 裁	民集25・2・208	118
6.29	最 高 裁	判タ264・197	15
12.21	最 高 裁	民集25・9・1610	91
【昭和49年】			
9.26	最 高 裁	民集28・6・1213	19
12.24	最 高 裁	民集28・10・2117	77
【昭和50年】			
2.28	最 高 裁	民集29・2・193	131
【昭和51年】			
2.13	最 高 裁	民集30・1・1	21
【昭和54年】			
2.15	最 高 裁	民集33・1・51	122

月日	裁判所名	出典等	ページ
【昭和57年】			
9.28	最　高　裁	判タ485・83	117
【昭和60年】			
5.23	最　高　裁	民集39・4・940	105
【昭和61年】			
11.20	最　高　裁	判タ629・134	133
【昭和62年】			
2.12	最　高　裁	民集41・1・67	119,121
4.22	最　高　裁	民集41・3・408	60
4.24	最　高　裁	判タ642・169	44
11.10	最　高　裁	民集41・8・1559	122
11.12	最　高　裁	判タ655・106	122
【平成元年】			
10.27	最　高　裁	民集43・9・1070	79
【平成2年】			
1.22	最　高　裁	民集44・1・314	89
4.19	最　高　裁	判タ734・108	80
【平成3年】			
3.22	最　高　裁	民集45・3・268	94

月日	裁判所名	出典等	ページ
【平成4年】			
11. 6	最　高　裁	民集46・8・2625	106
【平成6年】			
2.22	最　高　裁	民集48・2・414	121
4. 7	最　高　裁	民集48・3・889	92
12.16	最　高　裁	判タ873・81	62
12.20	最　高　裁	民集48・8・1470	92
【平成8年】			
10.31	最　高　裁	民集50・9・2563	60
【平成9年】			
2.14	最　高　裁	民集51・2・375	83,87
【平成10年】			
2.13	最　高　裁	民集52・1・65	41,63
【平成11年】			
1.29	最　高　裁	民集53・1・151	125
11.24	最　高　裁	民集53・8・1899	94
【平成12年】			
4.21	最　高　裁	民集54・4・1562	126

月日　裁判所名　　出典等　　　　　ページ

【平成17年】

3.10　最　高　裁　民集59・2・356　　　94

【平成18年】

1.17　最　高　裁　民集60・1・27　　　41
3.16　最　高　裁　民集60・3・735　　　57
7.20　最　高　裁　民集60・6・2499　　123

【平成19年】

7. 6　最　高　裁　民集61・5・1940　　90

【平成21年】

3.10　最　高　裁　民集63・3・385　131,132

【平成22年】

12. 2　最　高　裁　民集64・8・1990　124,125

あ　と　が　き

　物権に関して私が大学時代で思い出すのは、司法試験受験生仲間で議論をして、物権変動論について、判例とは異なって、民法94条2項を広く適用するのがよいのではないか、と思ったことである。本書は判例の見解を採用しているが、学生の方はいずれの見解を採ってもよいので、自分にしっくりくるものを採用して答案で論ずれば足りる。

　担保物権の関係では、裁判官になって10年目に民事保全事件を担当したことが思い出される。不動産の仮差押えの申立てがあり、仮差押命令を発してその登記を法務局に嘱託したが、登記官により、その前日に登記名義人が別人に変わっているとして、登記申請が却下されたことが、2回あった。仮差押命令を受けそうだと分かると、急きょ所有名義人を代えて妨害しようとする人がいるのだろう。裁判外で、わずかな時間の中で争っている人々がいる――。

　平成3年3月22日の最高裁判決（本編94頁参照）であるが、当時、占有屋が目立ち始めていたが、この最高裁判決は形式論を重視して、抵当権に基づいて妨害排除請求を認めなかった。この判決により、占有屋がますます活発に活動するようになったと思う。その8年後に、占有屋を排除する判決（最大判平11・11・24（民集53・8・1899））が出されているが、その頃には占有屋はかなり減少していたように思う。判決の重要性を痛感する。

　――と昔話をしていても、読者は退屈なだけであろう。

　将来に目を向けると、私が平成5年～7年に郵政省（現・総務省）に出向していた時（また昔話だが）、情報分野の専門家である大学教授から話をうかがったことがある。「これからのネット社会では情報を大量に仕入れる時代になり、大きなものが勝つ。例えば、書物はネットで買うことが中心になり、街の書店はどんどんツブれ、ネット販売の

大企業はますますデカくなるだろう。それと、現実とは別のネット空間が生じ、人々は現実と空想という二元的な生活をするようになる。空想の世界でも、お金が動き、現実と同じように、裕福な人々と貧しい人々というような格差が生じるだろう。」というものであった。

　話の前者は、GAFAと呼ばれる巨大なIT企業が生じて現実化したが、後者は、メタバースが注目されているものの、将来的にもそこまで起こり得ないように思える。が、私が裁判官になった時は、まだ紙に鉛筆で判決を書いてタイプに回していた時代（任官後間もなくワープロが出始めた。）であり、インターネットやスマホというのは全く想像しなかった。時代の流れは早く、将来はどうなっていくのだろうか──。

　ぜひ、読者の皆様に新しい未来を切り開いていただきたい。

物権・担保物権の基礎がため

令和5年4月13日　初版発行

著　者　大　島　眞　一
イラスト　か　ほ　c o m i c
発 行 者　新日本法規出版株式会社
代表者　星　　謙一郎

発 行 所　新 日 本 法 規 出 版 株 式 会 社

本　　　社
総 轄 本 部　（460-8455）　名古屋市中区栄 1 － 23 － 20
東 京 本 社　（162-8407）　東京都新宿区市谷砂土原町2－6
支社・営業所　札幌・仙台・関東・東京・名古屋・大阪・高松
広島・福岡
ホームページ　https://www.sn-hoki.co.jp/

【お問い合わせ窓口】
新日本法規出版コンタクトセンター
📞 0120-089-339（通話料無料）
●受付時間／ 9 ：00～16：30（土日・祝日を除く）